悦·读人生

On Socrates
苏格拉底

[美] 霍普·梅（Hope MAE）◎著
瞿旭彤◎译

清华大学出版社
北 京

北京市版权局著作权合同登记号 图字01-2018-1993号

On Socrates
Hope MAE

Copyright © 2014 by Wadsworth, a part of Cengage Learning.

Original edition published by Cengage Learning. All Rights Reserved. 本书原版由圣智学习出版公司出版。
版权所有，盗印必究。

Tsinghua University Press is authorized by Cengage Learning to publish and distribute exclusively this simplified Chinese edition. This edition is authorized for sale in the People's Republic of China only (excluding Hong Kong, Macao SAR and Taiwan). Unauthorized export of this edition is a violation of the Copyright Act. No part of this publication may be reproduced or distributed by any means, or stored in a database or retrieval system, without the prior written permission of the publisher.
本书中文简体字翻译版由圣智学习出版公司授权清华大学出版社独家出版发行。此版本仅限在中华人民共和国境内（不包括中国香港、澳门特别行政区及中国台湾）销售。未经授权的本书出口将被视为违反版权法的行为。未经出版者预先书面许可，不得以任何方式复制或发行本书的任何部分。

Cengage Learning Asia Pte. Ltd.
151 Lorong Chuan, #02-08 New Tech Park, Singapore 556741

本书中文译文为中华书局许可使用。
本书封面贴有 Cengage Learning 防伪标签，无标签者不得销售。
版权所有，侵权必究。举报：010-62782989，beiqinquan@tup.tsinghua.edu.cn。

图书在版编目（CIP）数据

苏格拉底 /（美）霍普·梅（Hope MAE）著；瞿旭彤译. —北京：清华大学出版社，2019
（2024.1 重印）
（悦·读人生）
书名原文：On Socrates
ISBN 978-7-302-52551-6

Ⅰ.①苏… Ⅱ.①霍… ②瞿… Ⅲ.①苏格拉底（Socrates 前469-前399）—哲学思想—思想评论 Ⅳ.① B502.231

中国版本图书馆 CIP 数据核字（2019）第 046506 号

责任编辑：	刘志彬
封面设计：	李召霞
责任校对：	王荣静
责任印制：	刘海龙

出版发行：清华大学出版社
　　　　　http://www.tup.com.cn
地　　址：北京清华大学学研大厦 A 座
邮　　编：100084
社 总 机：010-83470000
邮　　购：010-62786544
投稿与读者服务：010-62776969，c-service@tup.tsinghua.edu.cn
质量反馈：010-62772015，zhiliang@tup.tsinghua.edu.cn

印 装 者：三河市东方印刷有限公司
经　　销：全国新华书店
开　　本：148mm × 210mm　　印　　张：4.875　　字　　数：88 千字
版　　次：2019 年 5 月第 1 版　　印　　次：2024 年 1 月第 7 次印刷
定　　价：35.00 元

产品编号：077075-01

苏格拉底

苏格拉底（Socrates，公元前469—前399），古希腊哲学家，西方哲学的奠基者，与柏拉图、亚里士多德被并称为"古希腊三贤"。他出身贫寒，依靠学生奉献的学费维持生计，一生致力于探究善和真理。苏格拉底的哲学生活最终触犯了雅典人，最后被判服毒就死。

苏格拉底的哲学首先是苏格拉底方法（诘问式），以提问的方式揭露对方提出的各种命题、学说中的矛盾，或从其回答中寻找漏洞加以击破，借此增长他们的知识和改进道德观念。

苏格拉底在哲学史上首倡了一种"心灵的转向"，把哲学从研究自然转向研究心灵和自我，建立了一种"知识即美德"的伦理思想体系，其中心是探讨人生的目的和善。相信追求哲学或智慧，才是人们最高的生活目的和至善的美德。

内容简介

本书首先介绍了苏格拉底所处的时代背景,以让我们了解苏格拉底的思想成因,然后则讨论了苏格拉底在其受审时的申辩以及"苏格拉底方法"即"诘问式",以让我们深入了解苏格拉底的思想。

总序

贺麟先生在抗战时期写道:"西洋哲学之传播到中国来,实在太晚!中国哲学界缺乏先知先觉人士及早认识西洋哲学的真面目,批评地介绍到中国来,这使得中国的学术文化实在吃亏不小。"[①]贺麟先生主持的"西洋哲学名著翻译委员会"大力引进西方哲学,解放后商务印书馆出版的《汉译世界学术名著》的"哲学"和"政治学"系列以翻译引进西方哲学名著为主。20世纪80年代以来,三联书店、上海译文出版社、华夏出版社等大力翻译出版现代西方哲学著作,这些译著改变了中国学者对西方哲

---

① 贺麟. 当代中国哲学. 上海:上海书店,1945:26.

学知之甚少的局面。但也造成新的问题：西方哲学的译著即使被译为汉语，初学者也难以理解，或难以接受。王国维先生当年发现西方哲学中"可爱者不可信，可信者不可爱"，不少读者至今仍有这样体会。比如，有读者在网上说："对于研究者来说，原著和已经成为经典的研究性著作应是最该着力的地方。但哲学也需要普及，这样的哲学普及著作对于像我这样的哲学爱好者和初学者都很有意义，起码可以避免误解，尤其是那种自以为是的误解。只是这样的书还太少，尤其是国内著作。"这些话表达出读者的迫切需求。

为了克服西方哲学的研究和普及之间的隔阂，清华大学出版社引进翻译了国际著名教育出版巨头圣智学习集团的"华兹华斯哲学家丛书"（Wadsworth Philosophers）。"华兹华斯"是高等教育教科书的系列丛书，门类齐全，"哲学家丛书"是"人文社会科学类"中"哲学系列"的一种，现已出版88本。这套丛书集学术性与普及性于一体，每本书作者都是研究其所论述的哲学家的著名学者，发表过专业性很强的学术著作和论文，他们在为本丛书撰稿时以普及和入门为目的，用概要方式介绍哲学家主要思想，要言不烦，而又不泛泛而谈。因此这套书特点和要点突出，文字简明通俗，同时不失学术性，或评论哲学家的是非得失，或介绍哲学界的争议，每本书后还附有该哲学家著作和重要第二手研究著作的书目，供有兴趣读者作继续阅读之用。由于这些优点，这套丛书在国外是不可多得的哲学畅销书，不但是哲学教科书，而且是很多哲学业余爱好者的必读书。

"华兹华斯哲学家丛书"所介绍的，包括耶稣、佛陀等宗教创始人，沃斯通克拉夫特、艾茵·兰德等文学家，还包括老子、庄子等中国思想家。清华大学出版社从中精选出中国人亟须了解的主要西方哲学家，以及陀思妥耶夫斯基、梭罗和加缪等富有哲思的文学家和思想家，以飨读者。清华大学出版社非常重视哲学领域，引进出版的《大问题：简明哲学导论》等重磅图书奠定了在哲学领域的市场地位。这次引进翻译这套西文丛书，更会强化这一地位。现在越来越多的人认识到，在思想文化频繁交流的全球化时代，没有基本的西学知识，也不能真正懂得中华文化传统的精华，读一些西方哲学的书是青年学子的必修课，而且成为各种职业人继续教育的新时尚。清华大学出版社的出版物对弘扬祖国优秀文化传统和引领时代风尚起到积极推动作用，值得赞扬和支持。

张世英先生担任这套译丛的主编，他老当益壮，精神矍铄，认真负责地选译者，审译稿。张先生是我崇敬的前辈，多年聆听他的教导，这次与他的合作，更使我受益良多。这套丛书的各位译者都是学有专攻的知名学者或后起之秀，他们以深厚的学养和翻译经验为基础，翻译信实可靠，保持了原书详略得当、可读性强的特点。

本丛书共44册，之前在中华书局出版过，得到读者好评。

我看到这样一些网评:"简明、流畅、通俗、易懂,即使你没有系统学过哲学,也能读懂";"本书的脉络非常清晰,是一本通俗的入门书";"集文化普及和学术研究为一体";"要在一百来页中介绍清楚他的整个哲学体系,也只能是一种概述。但对于普通读者来说,这种概述很有意义,简单清晰的描述往往能解决很多阅读原著过程中出现的误解和迷惑";等等。

这些评论让我感到欣慰,因为我深知哲学的普及读物比专业论著更难写。我在中学学几何时曾总结出这样的学习经验:不要满足于找到一道题的证明,而要找出步骤最少的证明,这才是最难、最有趣的智力训练。想不到学习哲学多年后也有了类似的学习经验:由简入繁易、化繁为简难。单从这一点看,柏拉图学园门楣上的题词"不懂几何者莫入此门"所言不虚。我先后撰写过十几本书,最厚的有八九十万字,但影响最大的只是两本30余万字的教科书。我主编过七八本书,最厚的有100多万字,但影响最大的是这套丛书中多种10万字左右的小册子。现在学术界以研究专著为学问,以随笔感想为时尚。我的理想是写学术性、有个性的教科书,用简明的思想、流畅的文字化解西方哲学著作烦琐晦涩的思想,同时保持其细致缜密的辨析和论证。为此,我最近提出了"中国大众的西方哲学"的主张。我自知"中国大众的西方哲学,现在还不是现实,而是一个实践的目标。本人实践的第一步是要用中文把现代西方哲学的一些片段和观点讲得清楚明白"①。欣闻清华大学出版社要修订再版这套译丛，每本书都是讲得清楚明白的思想家的深奥哲理。我相信这套丛书将更广泛地传播中国大众的西方哲学，使西方哲学融合在中国当代思想之中。

赵敦华

2019 年 4 月

---

① 详见赵敦华. 中国大众的现代西方哲学. 新华文摘，2013（17）：40.

序 | Preface

　　本书讨论的是苏格拉底（Socrates）及其哲学的基本要点，涉及历史和哲学两个方面。就苏格拉底的哲学而言，我主要讨论苏格拉底方法，以及这种方法（及其结果）对自我认识、道德和人类幸福的重要性。不过，在历史性多于哲学性的第一章，读者还将了解到一些政治因素，这些常被忽视的政治因素可能对苏格拉底的受审起到了一定作用。另外，我还探讨了"苏格拉底问题"，即在阿里斯托芬（Aristophanes）、柏拉图（Plato）和色诺芬（Xenophon）互相矛盾的见证基础上如何确定谁是历史上真正的苏格拉底。这三位古典作家的描述，我们都将加以讨论，而且给出支持柏拉图见证的最为准确的一些理由。

第二章的主题是苏格拉底的受审及其申辩。在受审时，苏格拉底说出了两种对他的指控：早先的非正式指控和稍后的正式指控。在讨论苏格拉底的申辩和反驳时，我们还会讨论这两种指控。在本章，我们还将了解到苏格拉底的生平、为什么他认为别人误解了他，以及为什么他为哲学生活辩护。

第三章讨论苏格拉底方法：诘问式（elenchos）。读者将了解，在反驳他人时，苏格拉底运用了三种不同的逻辑技巧：（1）证明某种信念的逻辑推论；（2）证明某人的信念不一致；（3）通过反例来反驳。柏拉图早期对话录的一些例子，向读者展示了苏格拉底是如何运用这些技巧的。诘问式的益处在第三章也有所提及。读者将了解，诘问式能够使人消除错误的信念和信念设定的不一致，也能够使人改进其道德观念。我还会评论这些结果对人道德感知（moral perception）的益处，而且这个主题会延伸至第四章，并且涉及柏拉图的《克里同篇》（Crito）。

在第四章，苏格拉底和克里同关于苏格拉底逃跑的辩论，应被理解为他们之间的分歧更多地在于道德感知的差异，而不在于道德原则的区别。此外，读者将会看到，苏格拉底与克里同的辩论，改变了后者对苏格拉底逃跑是否正当的理解。其中，我们会讨论苏格拉底伦理学的一些重要特征，并简要地将之与我们的道德观作一下比较。

本书可以单独阅读，也可以充当柏拉图对话录的补充读物。在每章的结尾都有复习题和讨论题，以方便课堂讨论和读者思考。若用本书进行教学，哲学导论课的课堂效果肯定不会差。因为，在书中，我讨论了苏格拉底哲学的特征——反驳的逻辑方法及其对人类理解和感知的影响，而这正是哲学的一般特征。

为写作这本关于苏格拉底的小书，我得到了很多人的帮助。特别是尼古拉·史密斯（Nicholas Smith），从他那里我受益良多。与下列人士的交谈也使我受益匪浅，他们是：彼得·阿斯奎斯（Peter Asquith）、埃里克·鲍尔斯和玛丽亚·鲍尔斯（Eric and Maria Boals）、贾森·埃伦伯格（Jason Ellenburg）、乔丹·林德伯格（Jordan Lindberg）、马可·麦克比兰（Mark McPherran）、乔·马丁（Joe Martin）、菲利普·梅（Philip May）、菲莉斯·门赫和迈克尔·门赫（Phyllis and Michael Muench）、保罗·纽菲尔德（Paul Neufeld）、纳丁·普拉-卡尔森（Nadine Pullar-Karlsen）、迈克尔·罗宋（Michael Russo）、乔·萨勒诺（Joe Salerno），以及我在密歇根州立大学和中密歇根大学的多位学生。最后，我把本书献给丹尼尔·克拉克（Daniel Kolak），因为他对哲学的热爱和献身，也因为他帮助我铭记应对哲学热爱和献身。

目录 Contents

总序
序

001 导论

1 007 谁是苏格拉底？

苏格拉底：宗教改革家和腐蚀青年者？ / 008
苏格拉底是雅典的政治威胁？ / 012
苏格拉底问题 / 015
色诺芬论苏格拉底的宗教观点 / 020
柏拉图论苏格拉底的宗教观点 / 023
重新审视柏拉图和色诺芬 / 030
柏拉图对话录 / 032

2　045　苏格拉底的审判

柏拉图的《申辩篇》/ 046
早先的非正式指控 / 047
谁是自然主义者？/ 049
谁是智者？/ 050
"用较无力的论证驳倒较有力的证明" / 051
为什么苏格拉底既不是自然主义者，也不是智者？/ 054
新近的正式指控 / 061

3　077　苏格拉底方法

苏格拉底的诘问式 / 078
无知 / 084

4　111　省察之生活的目的

柏拉图的《克里同篇》/ 112

参考书目 / 133

On Socrates ——————— 导论

虽然宣称自己根本没有智慧，苏格拉底却向西方世界具有讽刺性地提供了一些最为重要的关于人类处境的洞见。对于苏格拉底而言，令人痛苦且显而易见的是，大多数人对自己知道得很少。即使你，正舒舒服服读着这些文字的读者，也自以为比任何别人都更了解自己。和他人不一样，对自己的思想、信念、渴望和梦想，你有着直接的了解，因此你认为在内心状态方面你知道你自己。正是对于像你这样的人，苏格拉底将证明你（们）犯了多么严重的错误。苏格拉底宣称，除非过上一种省察的、哲学的生活，否则没有人可以开始知道自己。只有通过自我省察，人才能开始看到那些他错误地以为属己的思想、信念、渴望和梦想之后的东西。在这背后的认知状态中，活跃着只能通过哲学才能知道的其他东西。这正是你所是；知道这，就是知道你自己。这正是苏格拉底力图教导其同胞雅典人的，但他却因为此种努力而被判以极刑。

倘若你了解苏格拉底的故事，那么你所了解的就是真正的忧伤和悲剧。苏格拉底指出人类问题的所在，而且终其一生来努力补救。他相信，虽然人不可能达到完全的智慧、不可能彻底知道自己，但只要努力，他就有可能知道很多。他还相信，假若粗略地瞥见自己真正的所是，人就可以减轻自身的痛苦。这正是苏格拉底在雅典的街头和集市所传布的信息。正是这信息，最终使得苏格拉底的同胞雅典人判处其极刑。

苏格拉底不仅仅给予了世人宝贵的道德洞见，而且还清晰地阐释了人类理性和思维所具有的力量。在讨论自己和他人道德上正当与否的观点时，苏格拉底运用和完善了逻辑技巧。在今天，这些同样的技巧不仅仅在哲学上，而且在法学和各科学学科上得以普遍应用。

在 20 世纪，虽然苏格拉底的逻辑技巧被普遍应用，但他的道德观点和关于人性的观点却并非如此。这非常不幸，苏格拉底对道德的本性有着如此重要的洞见，在今天却差不多都被遗忘了。被遗忘最严重的，主要是他对理性、感知和道德三者关系的看法。我们花了太久的时间才认识到苏格拉底、柏拉图和亚里士多德（Aristotle）早就认识到的东西，认识到我们对世界的感知必须以自己的观念和信念为中介，认识到我们对世界之道德维度的感知由于错误的信念和观念可能出错。

在一个道德相对主义和后现代主义盛行的时代，很多人相信道德的真理在乎持有者的观点，而且相信每一个人都是正确的，没有一个人是错误的。苏格拉底的看法已然过时。苏格拉底相信有一个对所有人都有效的道德真理，而且谁不依照这真理生活，他的行为就会出错。苏格拉底不是相对主义者。但是，对于今天的许多人而言，苏格拉底的观念似乎是愚蠢的。有些人甚至认为，苏格拉底对信仰在人类理性中地位的重视是病态的，而且道德与理性无关。此外，即使有一个真理，它被思想，但却不可能被人类所理解。这种观念并不新鲜，它甚至在苏格拉底的时代即已存在。事实上，苏格拉底和他伟大的门徒柏拉图正是与这种观念相对抗的。他们给出了一种选择，对这种选择我们很少有人能够知其一二。这选择就是：有真理，这真理在你之中；要想知道这真理，人就需要省察自己和他人。

学习苏格拉底如何看待我们自己，这让人既觉得战战兢兢，又感觉极具刺激。与此相关的事情，看起来却如此直截了当地正确。因为，为了要省察和知道你自己，你不需要正规的教育或某种特殊训练，你只要能够自问一些关于自己道德看法的问题，就会理解你的回答意味着什么。的确，苏格拉底的选择如此直截了当，以至于一些雅典青年不仅理解了，而且试图教会自己的长辈。你将会知道，正是由于这个原因，苏格拉底被指控"腐蚀青年"。

如果你认识苏格拉底，他会仅仅因为你而提出问题，并向你证明你的回答揭示了一些神秘的、谜一般的事物。他会证明，你的回答乃是你所不知道的内心某事物的反映。但令人烦扰的是，苏格拉底的同胞雅典人根本就不想知道这些。而且，他们费了九牛二虎之力来说服自己苏格拉底说的并不对。他们把苏格拉底当作不敬神的腐蚀青年者，因此要审判他，认定他有罪，并且判处他极刑。

想了解苏格拉底，乃是要了解每个人心中的两种倾向：努力改进和完善理性自我的倾向及逃避、害怕与憎恨这部分自我的倾向。苏格拉底认识到，这种不和谐存在于大多数人中，而且是令人痛苦的。通过劝诫他人过省察的生活，苏格拉底试图把他们从自我造成的痛苦中解救出来。他的故事充满了坚韧、爱和希望，直至今天都与我们的生活有着共鸣。

下面，你将了解苏格拉底，了解他人如何感知他，了解他如何感知自身。你也将了解他为什么如此热诚地追求自我认识，了解他到底怎么做的。最重要的是，你将了解到你是否同意苏格拉底的观点。不管如何，有一件重要的事情你最终要做，那就是问自己"为什么"。

1

On Socrates ———— 谁是苏格拉底？

苏格拉底:宗教改革家和腐蚀青年者?

在耶稣基督诞生前 400 多年,苏格拉底(前 469—前 399 年)被雅典的陪审团判以极刑。起诉苏格拉底的三个人是:代表雅典政治家和手艺人的阿尼图斯(Anytus)、代表诗人的美勒托(Meletus)、代表公众演说家的莱康(Lycon)。他们认为苏格拉底犯有如下罪名:不崇拜雅典诸神、崇拜新神和腐蚀雅典青年。这些指控确实非常严重,而且在审判中所有罪名都被认定成立。尽管当时苏格拉底已垂垂老矣(其时 70 岁),但雅典人还是对他处以死刑。苏格拉底部分的死因在于他自己。古时执行死刑的通用方法是,强迫囚犯饮下一种毒酒。受审约一个月后，苏格拉底饮下这毒酒，死于囚室。

请注意，在受审时，苏格拉底是高级公民！如此高龄的他被如此严厉地处罚，正说明了他对雅典人的搅扰之深。倘若未被处以极刑，苏格拉底依然会在相对短的时间内死去。然而，雅典人还是被迫判处苏格拉底死刑，即使他如此高龄。

苏格拉底到底做了什么而搅扰得雅典人如此不安？按照三位起诉人之一的美勒托的说法，在所有雅典人当中，唯独苏格拉底试图腐蚀青年。[《申辩篇》(*Apology*) 25a] 事实上，苏格拉底的指控者代表了雅典城内几种不同的职业团体：诗人、政治家、公众演说家和手工艺人。因此，并非唯有美勒托对苏格拉底有这种感知。这些指控者把苏格拉底视为十足的"恶棍"。在他们眼中，苏格拉底具有使他人变得邪恶的能力，从而对雅典的福祉构成了严重威胁。

苏格拉底是雅典之福吗？

另一方面，有些雅典人认为，对苏格拉底的指控是错误的，审判和处决他则是不公正的。这些公民相信，苏格拉底非但没有使人们变得邪恶，而是切实地帮助和提高了他们。这种观点最雄辩的捍卫者是苏格拉底的一位门徒——柏拉图（前428—前347年）。同样地，和苏格拉底同时代的历史学家色诺芬（前428—前354年）相信苏格拉底帮助了他人。按照柏拉图和色诺芬的说法，苏格拉底通过盘问和显明人们道德观点中的弱点来帮助他们。①

毫无疑问，对某人道德观点的省察和批评是否有所助益，这不可能一目了然。而且，如果自己的道德信念受到批评，大部分人都会勃然大怒。想象一下，你和某人交谈，他不断指出你的信念有弱点，和这样的人一起痛苦而沮丧地打发时间，绝不是想象的一种延伸。那么，为什么柏拉图和色诺芬还认为苏格拉底借着盘问和反驳来帮助他人呢？稍后，当讨论苏格拉底方法（诘问式）时，我们便会理解为什么柏拉图、色诺芬和苏格拉底（以及其他人）都相信，尽管盘问和反驳可能引起痛苦和沮丧，但这种行为能以深远的方式来帮助人。目前，我们只需指出，西方的历史支持柏拉图和色诺芬对苏格拉底的理解。我们认为，苏格拉底并非那种有意使人变得邪恶的人，他不但有益于同时代的雅典人，而且也有益于数千年后的人们。苏格拉底的积极影响甚至触及当今的我们。

苏格拉底在 20 世纪

大约 2400 年前，苏格拉底受审，并死去。而在今天，苏格拉底却被尊为殉道者、圣人和历史上最为重要的道德哲学家之一。在世界各地，很多大学和图书馆都拥有刻着苏格拉底名字或画像的建筑物。"苏格拉底方法"，一种受苏格拉底的追寻与探究所影响而产生的教育方法,正在世界范围内的大学和职业学校中被广泛运用。这样的尊崇行为与那种认为苏格拉底存心使人由善变恶的观点真是大相径庭!显而易见,在现代世界里,苏格拉底被人尊崇。而在2000多年前,判处他死刑的正是雅典城邦——民主("人民的统治")的发源地。②

因此,我们不把苏格拉底感知为邪恶的腐蚀青年者,而是像柏拉图和色诺芬那样称颂苏格拉底,并把他感知为一个献身于"真正的政治艺术"——提高他人——的人。我们赞扬苏格拉底对于真理的火热追求,赞扬他重视信仰在人类理性和思维之中的地位。因为他相信,理性的追寻和省察能够帮助人类生活得更好、更幸福。而西方世界也把苏格拉底看作极少数为了原则而献身的人之一。稍后,你将了解到,苏格拉底虽然有机会逃跑并避免死刑,但他依然决定留在狱中接受刑罚。③

不是阿尼图斯、美勒托和莱康的看法,而是柏拉图和色诺芬的看法,影响了我们自身对苏格拉底的理解。按照柏拉图和色诺芬的说法,对苏格拉底提出正式指控是错误的。

一方是苏格拉底的门徒和朋友;另一方是他的指控者,两方对苏格拉底的感知迥乎不同,这的确令人诧异。为什么一些人视他为雅典的威胁,而另一些人则把他看作雅典最伟大的恩人之一呢?

苏格拉底是雅典的政治威胁?

为什么有些人把苏格拉底感知为雅典的威胁,有一种解释关注的是他的政治交往圈子,即苏格拉底与某些雅典政治敌人的关系可能助长了这种感知。

苏格拉底受审的当时,由于在伯罗奔尼撒战争(前431—前404年)④中败给斯巴达城⑤,雅典刚刚经历了重大的政治变化。斯巴达施行僭主政治,由一个精英团体对公民进行统治。然而,大约公元前507年以来,雅典城一直实行民主政治,公民自己制定规则。⑥不过,并非所有的雅典人都支持民主。实际上,有些雅典贵族认为,不仅大多数人不能胜任作出政治决定,而且民主政治给予公民的自由事实上在败坏着人们。在《国家篇》(*Republic*,或译为《理想国》)中,柏拉图写道,由于不能正确地训练人们的嗜好或欲望,民主政治毁坏着人们的品性。⑦也就是说,在民主政治下,公民渴求更多的是性、食物和财富,而不是自身灵魂的完善。而对柏拉图来说,所有人真正应该渴求的正是灵魂的完善。民主政治之所以败坏人,乃是因为它属于穷人、未受教育者、败坏者和政府领导者。这些人鲜有德性,制定政策肆无忌惮。正是由于这些原因,柏拉图和其他一些雅典贵族攻击过民主政治。

在胜利之后,斯巴达人利用雅典人对民主政治的反对,用僭主政治取而代之,这就是所谓的"三十僭主"。⑧这些僭主都是对民主政治有敌意的雅典贵族,⑨其中有些人还是苏格拉底的朋友。⑩

公元前403年,仅在僭主政治建立一年以后,雅典民主党人在坚决的反抗后恢复了民主政治。⑪身为苏格拉底指控者之一的阿尼图斯,在恢复民主政治中起过重要作用。

因此,公元前399年,当苏格拉底受审时,雅典刚刚恢复民主政治仅仅四年。这个事实可能部分地解释了,苏格拉底为什么会被感知为实行民主政治之雅典的一个威胁。也许,雅典的民主党人试图肃清威胁着新生民主政治的雅典人。既然苏格拉底和"三十僭主"中的一些成员有关,他就很有可能被视为一个威胁。

苏格拉底和阿尔西比亚德斯

除了和"三十僭主"的关系外,苏格拉底和雅典将军阿尔西比亚德斯(Alcibiades,前450—前404年)的交往,可能是他被感知为威胁的另一个因素。在伯罗奔尼撒战争中,阿尔西比亚德斯站在斯巴达人一边,事实上已背叛了雅典。虽然阿尔西比亚德斯最终回到了雅典,但当雅典开始在战争中失利的时候,对他的敌意就已出现。色诺芬把阿尔西比亚德斯描述为"最放肆和最傲慢的人"[《回忆苏格拉底》(*Memorabilia*),1.2.12]。⑫

柏拉图和色诺芬都暗示,阿尔西比亚德斯和苏格拉底关系暧昧。⑬虽然苏格拉底娶了妇人桑西比（Xanthippe），证据依然强有力地暗示出苏格拉底还和阿尔西比亚德斯关系暧昧。古代希腊社会比今天的美国更加接受男人之间的性关系。⑭这种关系，一般涉及一方年老的和另一方年轻的。在苏格拉底和阿尔西比亚德斯的个案中，前者是年老的一方，后者是年轻的一方（阿尔西比亚德斯比苏格拉底小19岁）。⑮

既然对实行民主政治的雅典来说，阿尔西比亚德斯是幼稚且放肆的叛国者，那苏格拉底和他的关系不大可能会得到雅典人的善意感知。阿尔西比亚德斯肯定不是一位忠诚的民主党人，而且还和斯巴达人一起攻打雅典人。的确，苏格拉底和阿尔西比亚德斯之间的关系很可能助长这样一种感知：苏格拉底是实行民主政治之雅典的威胁。

○ 为什么苏格拉底的受审不完全是政治性的？

苏格拉底和一些不受欢迎的政治人物有交往，这可能会使人满有理由地得出这样的结论：他的受审和定罪完全是政治性的。苏格拉底所受的三种真正指控——腐蚀青年、崇拜新神和不崇拜城邦诸神——是否被用来抵消审判的政治性？苏格拉底受审和定罪仅仅是因为他的政治交往？

苏格拉底的受审不太可能是完全政治性的。首先，在恢复民主政治后，雅典的民主党人对"三十僭主"中的幸存者实行了特赦。因此，如果雅典的民主党人不愿处死"三十僭主"的真正成员，那么苏格拉底就不太可能仅仅因为他与"三十僭主"集团的交往就被判以死刑。为什么雅典人会判苏格拉底死刑，同时却允许"三十僭主"的幸存者继续存活下去呢？再者，苏格拉底似乎支持民主政治，而不是僭主政治。柏拉图告诉我们，苏格拉底不仅仅在伯罗奔尼撒战争中为实行民主政治的雅典英勇作战，⑯而且至少有一次没有服从"三十僭主"的命令。⑰此外，苏格拉底喜欢雅典民主政治所允许提供的自由演说，这样他就可以公开地盘问和反驳他人。

于是，没有强有力的证据可以证明，苏格拉底的受审是完全政治性的。因此，我们没有理由认为阿尼图斯、美勒托和莱康的正式指控是虚构的。确实，政治性因素可能助长了把苏格拉底当作雅典之威胁的感知，但这肯定不是故事的全部。证据表明，苏格拉底的指控者以及他们所代表的职业团体，不仅仅将苏格拉底感知为雅典的政治威胁。大概，苏格拉底之所以被感知为雅典的威胁，不仅仅因为他同一些不受欢迎的政治人物有过交往，而且因为他被感知为有能力使他人变坏的宗教改革家。

苏格拉底问题

苏格拉底肯定受到了并非善意的感知。但为什么其指控者把他感知为宗教革命家和腐蚀青年者呢？阿尼图斯、美勒托和莱康对苏格拉底的评价是否正确？或者苏格拉底是否为雅典带来了益处？不幸的是，回答这些问题并非易事。因为苏格拉底什么也没有写下来。整个世界上，没有一家图书馆存有苏格拉底所写的一本书、一页纸，甚至一句话。于是，我们被迫通过别人的见证来了解苏格拉底。但是，这些见证在关于苏格拉底言行的基本方面都不一致，建构一篇对苏格拉底的描述是出名的难做之事。困难在于确定苏格拉底是谁，以及他到底做了什么搅得雅典人如此不安。

很多人都写过苏格拉底，但现在只存有三篇真正认识苏格拉底的人所写的见证。我们已经提到过柏拉图，他是苏格拉底的一位门徒。柏拉图的写作形式是对话录，其中大多数对话录都以苏格拉底为主角。我们也提到过色诺芬，一位以从商为生的历史学家。他写过一些关于苏格拉底的回忆录，集为《回忆苏格拉底》。除此以外，他还著有一篇题为《会饮篇》（*Symposium*）的对话录，其中讨论了一些苏格拉底的观点。除了柏拉图和色诺芬的见证以外，名为"苏格拉底"的角色还出现在喜剧诗人阿里斯托芬（公元前450—前385）的喜剧作品《云》（*The Clouds*）中。[18]

不过，关于苏格拉底，三人给出的见证并不一致。结果，苏格拉底到底做了什么并不清楚。这使得我们很难确定苏格拉底是谁，为什么他被感知为宗教改革家和腐蚀青年者。

谁是"历史上"的苏格拉底?

请允许我们把想了解的真正的苏格拉底称为"历史上的苏格拉底",并且将历史上的苏格拉底与出现在柏拉图、色诺芬和阿里斯托芬作品中的"苏格拉底"区分开来。既然各自的报道相互冲突,柏拉图、色诺芬和阿里斯托芬的描述就不可能都是正确的。比如,在喜剧《云》中,阿里斯托芬把苏格拉底描绘成收费的教师和对科学事物感兴趣的无神论者。在《云》中,苏格拉底热衷于解释下雨、打雷和其他自然现象,并且明确宣称宙斯(Zeus)并不存在。[19]然而,在柏拉图和色诺芬的作品中,苏格拉底不是收费的教师,[20]对科学事物不感兴趣,不是无神论者。[21]色诺芬解释说,苏格拉底认为关于天空的研究没有多大价值,从而远离此类研究。[22]而且,柏拉图的报道确证了这一点。比如,在柏拉图对话录《斐德罗篇》(*Phaedrus*)中,苏格拉底宣称,科学对他来说没有价值,因为不能帮助他"认识他自己"。[23]按照柏拉图和色诺芬的说法,苏格拉底首要关注的是道德问题,而不是科学或自然的问题。[24]由此可见,柏拉图和色诺芬对苏格拉底的报道与阿里斯托芬的报道在一些重大方面发生了冲突。

试图从这些互相矛盾的见证中了解历史上的苏格拉底存有很多困难,学者将这称之为"苏格拉底问题"。自古代起,苏格拉底问题即已存在,持续至今依然是学者争论的一个主题。[25]

如果我们想知道苏格拉底是谁，他到底做了什么使得人们把他感知为宗教革命家和腐蚀青年者，那么，我们就面临着这样的任务：在这些主要作家中，我们应确定谁最准确地描述了苏格拉底，谁的报道更为准确。柏拉图的？色诺芬的？还是阿里斯托芬的？黑泽明（Akira Kurosawa）的伟大电影作品《罗生门》（*Rashomon*）㉖编年史般地列举了关于单一事件的四种相互矛盾的见证（从而说明了要想发现"真相"有多么困难）。同样地，我们也不得不在几种相互矛盾之见证的基础上去发现关于苏格拉底的"真相"。

○ 为什么阿里斯托芬描述的不是历史上的苏格拉底？

那么，我们从何处着手确定谁真正是历史上的苏格拉底呢？我们有充分的理由相信，阿里斯托芬《云》中的"苏格拉底"不是对历史上的苏格拉底的真实描述。首先，柏拉图和色诺芬的报道虽然局部有所不同，但某些部分相互一致。正如早先所提及的，柏拉图和色诺芬都宣称苏格拉底既不是收费的教师，也不是无神论者，他更关心道德和人类福祉，而不是科学或自然的问题。唯独阿里斯托芬声称，苏格拉底是一位收费的自然哲学家；再者，柏拉图和色诺芬都承认，苏格拉底借着盘问来帮助人。阿里斯托芬却把苏格拉底描绘为一无所用的、到处坏事的愚人。阿里斯托芬描述的苏格拉底关心的是一些荒谬琐碎之事。比如，在《云》中，苏格拉底关心的是：一个跳蚤可以跳几个"跳蚤脚"那么远、昆虫消化系统的性质是什么。[27] 这里的苏格拉底如此关心一些荒谬且琐碎之事，而且大相径庭于柏拉图和色诺芬所描述的苏格拉底——致力于通过盘问和反驳来改善他人。事实上，阿里斯托芬的报道缺乏旁证。而柏拉图和色诺芬两者的报道则部分地互相支持，这证明，就历史性而言，阿里斯托芬关于苏格拉底的描述是不正确的。

阿里斯托芬并没有正确地描述历史上的苏格拉底，进一步的原因在于他的苏格拉底是作为戏剧剧本中的一个角色出现的。当把一部喜剧作品当作某种报道的首要基础时，不管是关于历史上的苏格拉底，还是关于别的什么历史人物，人们应该小心谨慎。想想你在电视上看到乔治·布什（George Bush）或比尔·克林顿（Bill Clinton），他们作出种种空头承诺。若主要根据这些空头承诺来理解这两人，人们肯定会受到误导。诚然，喜剧性描绘通常都有事实基础。因为倘若不是如此，那笑话就不会有什么效果。但是幽默讽刺的事实基础常常是肤浅和歪曲的。克林顿总统可能喜欢吃快餐，但这截然不同于藏起别人的饭食（某著名克林顿讽刺画的基本情节）。既然关于某人的喜剧性描绘往往都是对这人的歪曲，那么设想阿里斯托芬对苏格拉底的喜剧性描述是一种歪曲就并非没有道理。[28] 于是，既然阿里斯托芬在《云》中对苏格拉底的描述很可能是歪曲的，那么我们就有另一个不错的理由认为，其见证并非对历史上的苏格拉底完全准确的报道。

如果我们不认为阿里斯托芬的见证准确地描述了历史上的苏格拉底，那么"苏格拉底问题"就缩小至仅仅两位作者：柏拉图和色诺芬。于是，有没有理由认为色诺芬或者柏拉图的见证是对历史上的苏格拉底更准确的描述呢？当然有。

柏拉图或者色诺芬

虽然在某些方面柏拉图和色诺芬的见证彼此一致，但它们又有相互矛盾的地方。比如，色诺芬宣称，终其一生，苏格拉底都是虔敬的。[29]而柏拉图报道的苏格拉底似乎认可革命性的、新奇的宗教信念。关于苏格拉底的宗教行为，柏拉图和色诺芬的报道有所分歧。这非常重要，因为对苏格拉底的正式指控中有两项提及他的宗教观点。回想一下，苏格拉底被正式指控为不崇拜雅典的诸神和崇拜新神。

色诺芬论苏格拉底的宗教观点

色诺芬宣称，苏格拉底所做的无不虔敬。事实上，他竭力地描述苏格拉底的守法和虔敬。色诺芬报道的苏格拉底参加雅典的各种宗教仪式和献祭。而且在《回忆苏格拉底》中，色诺芬宣称，苏格拉底从来都只遵从雅典的宗教习俗：

> 首先，至于他对宗教的态度，他的言行显然和阿波罗（Apollo）神庙女祭司对那些求问应如何献祭，以及如何敬拜祖先的人所作的回答完全一致。因为女祭司的回答是：遵循城邦的习俗，这就是虔敬。苏格拉底不仅自己这样做了，而且劝导他人也这样做。他认为，采取任何别的做法都是放肆无礼、愚蠢至极的。（《回忆苏格拉底》1.3.1）[30]

由此，色诺芬把苏格拉底描述成宗教观点十分传统的人。照他看来，苏格拉底的所有宗教行为都遵循着雅典的法律和习俗。

苏格拉底的神圣指引

倘若色诺芬的苏格拉底未曾做过一件不虔敬的事情，那么色诺芬如何解释为什么他人都把苏格拉底感知为不敬神的呢？在《回忆苏格拉底》中，[31]色诺芬宣称，苏格拉底有"神圣的指引"，这个预言性的声音告诉他做什么和不做什么。色诺芬宣称，苏格拉底的神圣指引是他被控崇拜新神的缘由：

首先,说他否定城邦所承认的诸神,他们提出了什么证据呢?他常常在家中献祭,也经常在城邦庙宇的祭坛上献祭,这是毫无隐瞒的;他从事占卜,这也不是什么秘密。的确,苏格拉底宣称自己受到了"神圣指引"(divine sign)的引导。我想,他们之所以指控他引进陌生的诸神,乃是由于这种宣称。(《回忆苏格拉底》1.1.2)㉜

色诺芬继续捍卫苏格拉底,并且宣称,苏格拉底的神圣指引与预言家、占卜者和其他宗教职业者所经历的指引并没有什么区别。㉝在此,色诺芬试图帮助苏格拉底洗脱崇拜新神的指控。按照色诺芬的说法,苏格拉底崇拜的神与雅典宗教职业者所承认的诸神是同一类的。而且,这些宗教职业者不仅仅有平凡的人,而且有广受尊敬的人。正如预言家根据神圣的声音给出建议,苏格拉底也是这样做的。

为什么色诺芬相信苏格拉底被感知为宗教改革家?

如上所示,色诺芬把苏格拉底描述成仅仅具有传统宗教观点的人。苏格拉底遵从雅典的宗教正统,并且被赋予预言家和其他宗教职业者所经历过的"神圣指引",那么为什么苏格拉底会被指控有不敬神的行为?色诺芬的回答是,雅典人误解了苏格拉底的神圣声音。因为雅典人认为，苏格拉底的神圣声音不同于预言家、说神谕者和其他宗教职业者所听到的神圣声音。然而，按照色诺芬的说法，苏格拉底的神圣声音和雅典宗教权威听到的声音并没有什么区别。

柏拉图论苏格拉底的宗教观点

和色诺芬一样，柏拉图认为，苏格拉底的神圣指引是他被指控崇拜新神的缘由。在柏拉图对话录《欧绪弗洛篇》（*Euthyphro*）中，欧绪弗洛（Euthyphro）声称，苏格拉底由于其神圣指引被指控为崇拜新神。他对苏格拉底说："正是因为你说你一直都有神圣的引导，所以美勒托起诉你引进宗教改革。"（《欧绪弗洛篇》3c）[34]苏格拉底的神圣指引是他被控崇拜新神的缘由，这是柏拉图和色诺芬的一个重要共识。

柏拉图论苏格拉底的神圣指引

不过，柏拉图对苏格拉底神圣指引的描述与色诺芬的迥然不同。柏拉图认为，苏格拉底的神圣指引仅在他将要做错事时才对他说话。也就是说，按照柏拉图的说法，苏格拉底的神圣指引只告诉他不做什么，而不是做什么。在柏拉图的《申辩篇》

中，苏格拉底声称，他不追求政治事业乃是因为神圣的声音告诉他不要如此：

> 我到处走来走去，向人们给出这样那样的建议，忙于人们的私人事务，并且大体上从未冒险公开地向你们发表演说和给出城邦事务方面的建议。这看起来可能很离奇。其原因，在许多其他场合你们经常听我说过，就是我听从于一种神圣的或超自然的声音——这也就是美勒托在其指控中所力图讽刺的。在我孩童时，这种声音就来临到我。每次临到时，它总是劝我放弃所要做的事情，而且从未催逼过我。正是它阻止我参与政治生活。(《申辩篇》31c.e)㉟

由此，柏拉图认为，苏格拉底的神圣声音有所不同。因为这神圣的声音仅仅是阻止苏格拉底做某事，而不是给出做什么的具体建议。这不同于色诺芬的宣称：苏格拉底的神圣声音告诉他不做什么和做什么。实际上，色诺芬之所以相信苏格拉底的神圣指引与雅典宗教权威所见证的各种指引没有什么不同，正是因为苏格拉底的指引给出了做什么的具体建议。要记得，色诺芬把苏格拉底视为某种预言家、某种根据所听神圣声音而给出劝告的人。但这正是柏拉图要否定的。按照柏拉图的说法，苏格拉底的神圣指引只告诉他不做什么。因而，柏拉图报道的苏格拉底不像预言家,他并未根据其神圣指引给出建议。由此,根据柏拉图的说法,苏格拉底的神圣声音不同于雅典宗教权威所听到的声音。

柏拉图论苏格拉底和宗教传统

色诺芬和柏拉图关于苏格拉底的报道,还有进一步的差异。不同于色诺芬报道的苏格拉底,柏拉图早期对话录中的苏格拉底不参与传统的宗教仪式。事实上,在柏拉图对话录《欧绪弗洛篇》中,苏格拉底声称他不相信传统的诸神故事。在欧绪弗洛表明他相信宙斯用链条捆绑其父的传统故事时,苏格拉底说:

> 欧绪弗洛,那你就知道为什么我被指控了。这是由于无论人们何时讲述议论这样的诸神故事,我都会感到生气。这也似乎是他们认为我有罪的原因。(《欧绪弗洛篇》6b)

在这段文字中,苏格拉底承认他不相信某些传统的诸神故事,并且解释了为什么他人指控他不相信雅典诸神的原因。显然,这迥然不同于色诺芬的宣称——苏格拉底从来都只遵从雅典的宗教习俗!

柏拉图的《欧绪弗洛篇》：苏格拉底关于诸神与"神圣"关系的新奇观点

柏拉图进一步暗示苏格拉底的宗教观是非传统的，这涉及苏格拉底关于神圣（holiness）之本性的观点。

在柏拉图的《欧绪弗洛篇》中，苏格拉底在雅典法院门口遇到欧绪弗洛。苏格拉底到这里来，是为了看美勒托贴在法院旁边的正式指控书。欧绪弗洛到这里来，是为了控告自己父亲谋杀他人。欧绪弗洛的父亲有一名奴隶，在酒后争吵中杀死了另一名奴隶。为了阻止他造成进一步的伤害，欧绪弗洛的父亲把他绑起来，堵上嘴巴，并且投入沟中。与此同时，欧绪弗洛的父亲派人到镇上，以找到如何处置这个杀人凶手的方法。然而，在欧绪弗洛父亲等待消息的时候，那奴隶已死在沟中。因为这个缘故，欧绪弗洛控告自己父亲谋杀他人。

听完这个故事，苏格拉底表示十分怀疑。谋杀是一种有预谋的、有恶意的杀人行为，而欧绪弗洛父亲是否谋杀了自己的奴隶根本就不清楚。奴隶似乎是意外地死于沟中。苏格拉底向欧绪弗洛指出，他必须确定控告自己父亲是正当的行为，以免触怒诸神。欧绪弗洛告诉苏格拉底，他十分确信自己做得正当。听到欧绪弗洛这样说，苏格拉底就要求他分享关于正当和神圣的认识。正如苏格拉底所注意到的，倘若欧绪弗洛确定地知道控告自己父亲是神圣的且正当的，那他应该就能解释神圣是什么、为什么控告自己父亲是正当的行为。由此，苏格拉底要求欧绪弗洛定义"神性"或"神圣"。苏格拉底不断地要求欧绪弗洛表述神圣事物所共有的东西，即本质。

欧绪弗洛几次试图表述神圣是什么，但苏格拉底总会找到他的问题。虽然"神圣"的实质性定义并没有得出，但关于"神圣"，苏格拉底的确说出了一些非常有趣且着实新奇的东西。

在某处，欧绪弗洛把神圣定义为"诸神所喜悦的"。苏格拉底审查了这个定义，认识到它是模糊不清的——它的意谓不止一个。不清楚的地方，一方面在于神圣之间关系的性质；另一方面在于诸神对神圣的喜悦。某事可能是神圣的，仅仅因为诸神喜悦它；另外，诸神可能喜悦某事，因为它是神圣的。因此，当欧绪弗洛将神圣定义为"诸神所喜悦的"后，苏格拉底问道："神圣是因为诸神喜悦它而神圣，还是诸神喜悦它是因为它神圣？"（《欧绪弗洛篇》10a）换句话说，欧绪弗洛控告自己父亲是神圣的，是因为诸神喜悦它，还是诸神喜悦欧绪弗洛的控告，是因为他的行为是神圣的？苏格拉底和欧绪弗洛都同意第二种选择是正当的——诸神喜悦某些行为，包括欧绪弗洛的行为，因为它们是神圣的。这真是一个革命性的宗教主张，因为它意味着神圣不是根据诸神而定义的。

既然以上主张极端重要且有些微妙，那就让我们停留片刻，弄清楚苏格拉底的立论。思考一下苏格拉底问欧绪弗洛的那个问题："神圣是因为诸神喜悦它而神圣，还是诸神喜悦它是因为它是神圣的？"关于这个问题，即使是欧绪弗洛，在苏格拉底问完后也没有马上理解。听完这个问题，欧绪弗洛的回应是："我不明白你在说什么。"（《欧绪弗洛篇》6b）因此，为了使苏格拉底的问题更容易理解，让我们对比"神圣"具体得多的事物问一下同样的问题。

想一想正方形的形状。可以肯定的是，有一些东西是正方形的，还有一些东西不是正方形的。但是，某物是正方形的因为我们说它如此，还是我们说某物是正方形的因为它事实上是正方形的？倘若第一种选择正确，那么，某物是正方形的仅仅因为我们说它如此。换句话说，比如，我们说橄榄球是正方形的，它就是正方形的。但是，这真的是错误的。仅仅因为我们说橄榄球是正方形的，并不意味着它是正方形的，因为橄榄球所具有的形状并不顾及我们的所说。

那么，想一想第二种选择，也就是说，我们说某物是正方形的，因为它实际上如此。这种选择承认，一个物体的形状并不依赖于我们可能说及它的任何东西。此外，如果我们说某物是正方形的，那是因为我们承认"是正方形的"这个特性是被此物具体说明的。

"神圣是因为诸神喜悦它而神圣，还是诸神喜悦它是因为它是神圣的？"这个问题问的是"神圣"是否仅仅是诸神所说的，或者"神圣"是否是诸神所认同的一种特性。另外，欧绪弗洛的行为是神圣的仅仅是因为诸神喜悦它，还是诸神喜悦欧绪弗洛的行为是因为它是神圣的？也就是说，诸神是否认同"神圣"这个特性是欧绪弗洛控告父亲之行为的一个特性？

当问及"神圣"是否是诸神所认同的一个特性，苏格拉底是在问"神圣"是否不依赖于诸神，就像是"正方形的"并不依赖于我们一样。这是一个一般性问题，它涉及为什么某些特性（如是正方形的）会作为某些物体（如骰子表面）的命题谓项。物体拥有其特性仅仅是因为我们说它如此，还是我们将某些特性归结于某些物体是因为这些物体实际上拥有这些特性？直觉告诉我们，我们将某些特性归结于某些物体，是因为这些物体拥有这些特性。苏格拉底向欧绪弗洛指明了这一点。某事神圣不是仅仅因为诸神喜悦它。更确切地说，正如我们说骰子表面是正方形的是因为骰子表面是正方形的，诸神喜悦神圣的行为是因为这些行为是神圣的。

于是，在《欧绪弗洛篇》中，苏格拉底提出了一个新奇的宗教主张。他主张，"神圣"的存在不依赖于诸神，尽管诸神认同这个特性。这个命题等价于"善"的存在不依赖于犹太—基督教的上帝，尽管上帝认同善。换句话说，善"不在那儿"，不依赖于上帝。这就好像说，"善"和上帝是"世界设备"的两个不同部件，但是，善是一回事，上帝是另一回事。苏格拉底和欧绪弗洛均同意，神圣是一回事，诸神是另一回事。苏格拉底并不想知道两者的彼此关系。更确切地说，苏格拉底想知道神圣是什么。设备的那个部件、神圣是什么？它像什么？在苏格拉底的时代，这些问题并非寻常可见。一般都认为，神圣依赖于诸神。要想神圣，人只要做诸神所喜悦的事情即可。但是，苏格拉底却在说，神圣是不依赖于诸神的，这项主张甚至连大名鼎鼎的祭司欧绪弗洛也不能理解。

为什么柏拉图相信苏格拉底被感知为一位宗教改革家？

于是，按照柏拉图的说法，苏格拉底的确有着非传统的道德观点。苏格拉底的神圣声音只是告诉苏格拉底不做什么，这使得苏格拉底的神圣经验同预言家和其他神职人员所拥有的神圣经验区别开来。此外，柏拉图报道的苏格拉底不相信传统的诸神故事。最后，在柏拉图的《欧绪弗洛篇》中，苏格拉底暗示，神圣的存在不依赖于诸神——神圣是一回事，诸神是另一回事。

重新审视柏拉图和色诺芬

回想一下这个问题：我们是否有理由选择某种报道（柏拉图的，或色诺芬的，或阿里斯托芬的），把它当作对历史上的苏格拉底的正确描述。现在，可以看出，我们有更充分的理由把柏拉图的报道（而不是色诺芬的）当作正确的。因为，倘若色诺芬关于苏格拉底的报道正确，那就很难理解为什么苏格拉底被正式指控为一位宗教改革家。色诺芬报道的苏格拉底没有做过什么事情使人有理由得出他是宗教革命家（甚或雅典的威胁）的结论。如果如色诺芬所说的，苏格拉底劝告他人做什么，那么为什么雅典人认为苏格拉底的神圣声音不同于预言家和其他神职人员的神圣声音？色诺芬没有给出答案。

另一方面，柏拉图报道的苏格拉底的行事方式解释了为什么雅典人感知他不敬神。柏拉图报道的苏格拉底不仅不相信一些传统的诸神故事，而且认为神圣的存在不依赖于诸神。此外，柏拉图报道的苏格拉底听从于一"神圣的经验"，但这一经验不同于雅典宗教人士的神圣经验。

因此，色诺芬报道的苏格拉底不仅保守，而且根本没有威胁，而柏拉图报道的苏格拉底则是革命的。的确，如果某人牢记着柏拉图关于苏格拉底的见证，他就能够开始理解为什么苏格拉底被指控从事不敬神的活动。

因而，通过柏拉图对苏格拉底的报道，我们可以理解为什么苏格拉底被感知为宗教改革家。不过，要是我们假定色诺芬的见证是正确的，我们就难以弄清楚苏格拉底所受的指控。色诺芬报道的苏格拉底根本不是一位宗教革命家，他从未做过任何不虔敬的事情。既然难以理解色诺芬的苏格拉底如何对雅典构成威胁，那么柏拉图对苏格拉底的报道就应该被选择为准确的。

柏拉图对话录

虽然有充分理由相信柏拉图最准确地描述了历史上的苏格拉底，但还有一个需要进一步探讨的问题。关于苏格拉底，柏拉图并没有给出一致的描述。也就是说，在其所有对话录中，柏拉图以几种不同的方式描述了一个名为"苏格拉底"的角色。在一些柏拉图对话录中，苏格拉底首要关注的是，揭示对话者道德观点中的弱点，并避免讨论自己的道德观点。然而，在另一些对话录中，苏格拉底首要关注的是，鼓吹自己的形而上学观点，即关于实在之本性、意义和真理的观点。如果在其所有对话录中柏拉图以几种不同的方式描述了苏格拉底，那么柏拉图的哪种描述最正确地描述了历史上的苏格拉底还是不能确定的。

这个问题可以这样得到解决，即假定在某些对话录中，柏拉图把苏格拉底这个角色当成了自己观点的代言者。虽然柏拉图一开始写作对话录是为了给历史上的苏格拉底写编年史，但到了后来，柏拉图写作的对话录就专门是关于他自己哲学的真实想法了。也许，写作历史上的苏格拉底促使柏拉图形成和写出他自己的观点，以回应苏格拉底所关心的那些问题。因此，在柏拉图对话录中，对"苏格拉底"这个角色有着不同的描述方式。这是因为在某些对话录中，柏拉图是为了给真实的苏格拉底写编年史，而在另一些对话录中，柏拉图把"苏格拉底"这个角色当作自己哲学观点的代言者。

柏拉图的早期对话录

"苏格拉底"这个角色与历史上的苏格拉底相一致的对话录,一般被称为柏拉图的"早期"对话录。我们认为,柏拉图在早期生涯中写的是历史上的苏格拉底,在后期生涯中写的是他自己的观点,而不是苏格拉底的观点。因而,我们把柏拉图看来要表达自身哲学观点的对话录,称为"中期的"和"晚期的"对话录。

在包括《申辩篇》《克里同篇》和《欧绪弗洛篇》在内的早期对话录中,苏格拉底是主角。早期对话录中的苏格拉底关心的是一些道德名称的定义,如"德性"(virtue)、"神圣"和"勇敢"。他不是在捍卫自己的观点,而是更关注对话者的看法。

在早期对话录中,苏格拉底不断地要求他的对话者定义一些道德名称,比如通过表达那"所有事物或神圣事物共有的东西"来定义。然后,苏格拉底盘问这个定义,并证明它是有漏洞的。

苏格拉底是揭示他人观点之弱点的大师,但在早期对话录中却不断否定自己拥有智慧。这是令人诧异的。不过,正如你在第三章将读到的,苏格拉底用"智慧"意指非常特别的东西。而且,一旦你认识到苏格拉底用智慧意指什么,你就会理解为什么他否认自己是有智慧的,纵使他如此善于揭示他人道德观点的弱点。

既然在早期对话录中苏格拉底不断揭示他人道德观点的弱点，那么这些早期对话录的典型结尾就是：苏格拉底的对话者处于一种困惑，甚至不满的状态。这是因为他们通常以为自己拥有关于所考虑主题的知识和智慧。比如，在柏拉图对话录《欧绪弗洛篇》中，直到证明情况相反为止，欧绪弗洛都自信自己知道什么是神圣。当他认识到苏格拉底能暴露他关于神圣之信念的弱点时，他既困惑又惭愧。实际上，在对话的结尾，欧绪弗洛离开了苏格拉底，即使苏格拉底想继续讨论。这种情景在早期对话录中很常见。

重要的是，在早期对话录中苏格拉底的行为方式，解释了他为什么被雅典人正式起诉。我们已经讨论了柏拉图的苏格拉底之非传统宗教信念的独特方式。而且，在早期对话录中苏格拉底的行为方式，也解释了为什么他被感知为腐蚀青年者。

虽然苏格拉底会盘问和反驳任何愿意与之交谈的人，但柏拉图早期对话录中的苏格拉底经常盘问和反驳的，却是那些被认为对某些主题有智慧和有知识的专家。当然，正是这些人发现苏格拉底的盘问和反驳非常让人恼火，甚至令人讨厌。想象一下假如盘问和反驳任何一个人，特别是那些专家和有影响的人，比如盘问和反驳教宗㊱、希拉里·克林顿（Hilary Clinton）、比尔·盖茨（Bill Gates）和其他的名人，想必会激怒他们及其支持者。而且，如果这些人被暴露出对其理应具有专业知识的领域一无所知，这想必会给他们的名誉带来损害。事实上，这恰恰是苏格拉底在柏拉图早期对话录中所做的——他证明，在某种意义上，那些在某一领域内被视为专家的人对该领域一无所知。想象假如今天谁揭露出教宗不知道神圣是什么、希拉里·克林顿不知道人权是什么（她是公认的儿童权利专家），等等。教宗和希拉里·克林顿的信誉会遭到严重的损害。

　　苏格拉底对他人的反驳是公开的。苏格拉底在集市（雅典的公共集合地）走来走去，盘问和反驳被认为有智慧的人。许多雅典人看到过他这样做，甚至还有很多年轻的雅典人。按照苏格拉底的说法，这些雅典青年喜欢看自己的长辈被盘问和反驳。事实上，通过观察苏格拉底，这些年轻人认识到他们也能够盘问和反驳自己的长辈。在报道苏格拉底受审的《申辩篇》中，苏格拉底声称，他遭人恼怒的原因之一就是，年轻人从他那里学会盘问和反驳长辈：

> 　　我不受欢迎还有一个原因。一些有闲青年和富人子弟有意将我和他们扯到一起，因为他们喜欢听到别人被我盘问。这些人常常把我当作模仿的对象，也去盘问别人。我想，他们发现了许多自视甚高之人，这些人实际上所知甚少或一无所知。结果，这些受害人不是对他们而是对我恼怒不已，并且抱怨一个

谁是苏格拉底？　035

名叫苏格拉底的好事之徒用坏念头在腐蚀年轻人的头脑。(《申辩篇》23c-d)

柏拉图早期对话录中的苏格拉底教导雅典青年如何盘问和反驳长辈。当雅典的年轻人认识到自己可以如此行为,而且发现父母、教师和祭司并不聪明时,他们很容易变得无礼和顽固。因为如果长辈们不知道什么特别的事情,为什么他们要得到尊重呢?为什么他们有权发号施令呢?

由此,通过柏拉图早期对话录对苏格拉底的报道,我们不仅看到苏格拉底为什么被感知为宗教改革家,而且看到他为什么被感知为腐蚀青年者。他被感知为宗教改革家,是因为他听从陌生的神圣声音,因为他不相信传统的雅典诸神故事,因为他对"神圣"具有新奇的观点;他被感知为腐蚀青年者,是因为他教导年轻人如何反驳他们的长辈。

苏格拉底当然知道他人把他感知为雅典的威胁。但是,他认为他人把他感知为宗教改革家和腐蚀青年者是不正确的。事实上,苏格拉底反驳他人不是为了羞辱他们,而是为了帮助和提高他们。那么就让我们转而去看看柏拉图的《申辩篇》,其中描述了苏格拉底面临指控时为自己所作的申辩,这样我们就能够开始明白这是为什么了。

复习题

1. 苏格拉底所受的正式指控是什么?
2. 我们有什么理由认为苏格拉底的受审首先是政治性的?
3. 有人认为苏格拉底的受审完全是政治性的,为什么这是错误的?
4. 谁是研究苏格拉底的首要资源?
5. "苏格拉底问题"是什么?
6. 为什么阿里斯托芬在《云》中对苏格拉底的描写,不被视为对历史上的苏格拉底的正确描述?
7. 柏拉图和色诺芬对苏格拉底的报道有哪些相似之处?
8. 柏拉图和色诺芬对苏格拉底的报道有哪些主要区别?
9. 为什么柏拉图对苏格拉底的报道比色诺芬的被认为更准确?
10. 柏拉图报道的苏格拉底以何种方式认同了新奇的宗教观点?

讨论题

1. 柏拉图和色诺芬都认为,当苏格拉底盘问和反驳他人的道德信念时是在帮助他们。如果省察和批评某人的道德观点能够产生益处,在你看来,这益处是什么?
2. 苏格拉底被指控为腐蚀青年者。在你看来,腐蚀青年者意味着什么?在当今社会中,你认为有没有人(或有影响的人)是"腐蚀青年者"?假如有,那么他们是什么人,应该对他们做些什么(倘若能做的话)?
3. 就你目前所阅读的章节而言,你是否认为苏格拉底对雅典的福祉构成威胁?为什么是或为什么不?

注释：

① 关于苏格拉底的盘问，柏拉图和色诺芬都有所描述。不过，柏拉图的描述更为详细。

② 雅典的民主和美国实行的民主截然不同。美国的民主由被选举的代表来施行：众议员代表某州的不同选区，参议员代表单个的州。然而，雅典的民主不是代议制的，不是被选举的官员代表人民（这里的人民只包括本地出生的雅典男人），而是人民自己代表自己。

③ 根据柏拉图对话录《克里同篇》，苏格拉底的几位密友曾筹备让他逃跑。然而，苏格拉底并没有选择逃跑，因为这样做的理由不够充分。请参见本书第四章的相关讨论。

④ 伯罗奔尼撒战争的爆发，主要是因为雅典的力量和影响威胁到了斯巴达。商业上的成功、数次成功地领导对波斯的军事远征，使雅典得以在经济上、知性上和道德上都支配着其他一些希腊城市。对于雅典的强大，斯巴达自然疑心不小，从而发动了与这座伟大城市的战争。这场战争长达 27 年，斯巴达是最后的胜利者。

⑤ 很多人将雅典城和整个希腊相混淆。这有些道理，由于在波斯战争中的成功领导，雅典成了希腊的主导城市。不过，古希腊由许多不同的城市和殖民地组成。斯巴达和雅典是当时希腊最强大的两个城市。

⑥ 并不是所有雅典居民都是公民，外国人（非雅典本地出生者）、妇女和奴隶都没有公民身份。由于古代雅典的启示，美国的建立者采取了与雅典公民身份相似的公民身份定义。因此，雅典和美国（一度）不让妇女和奴隶参与政治。

⑦ 参见柏拉图《国家篇》557a-562a 的第 8 卷。

⑧ 在《远征记》（*Hellenica*）2. 3. 2 中，色诺芬列出了"三十僭主"的名字：波吕克拉底（Polychares）、克里底亚（Critias）、美洛比乌斯（Melobius）、希波洛科斯（Hippolochus）、欧几里得（Eucleides）、海隆（Hieron）、涅西洛科斯（Mnesilochus）、克雷蒙（Chremon）、塞拉美涅（Theramenes）、阿雷西阿斯（Aresias）、狄奥克勒斯（Diocles）、斐德里阿斯（Phaedrias）、凯勒列奥斯（Chaereleos）、阿纳提乌斯（Anaetius）、佩森（Peison）、索福克勒斯（Sophocles）、厄拉托塞斯（Eratosthenes）、卡里克勒（Charicles）、俄诺玛克勒斯（Onomacles）、塞奥格尼（Theognis）、埃斯基涅（Aeschines）、塞奥杰涅（Theogenes）、克莱米德斯（Cleomedes）、厄拉西特拉图（Erasistraus）、斐敦（Pheidon）、德拉康提德斯（Dracontides）、欧玛塞斯（Eumathes）、亚里士多德（Aristotle，不是那位哲学家）、希波玛科斯（Hippomachus）、涅西塞得（Mnesitheides）。

⑨ "三十僭主"不仅仅对民主政治充满敌意，还使用残暴统治者的惯用伎俩——杀害政治敌人。

⑩ 具体而言，"三十僭主"的领袖克里底亚是苏格拉底的朋友。请参见色诺芬《回忆苏格拉底》1. 2. 12 和 1. 2. 24。克里底亚这个人物曾出现于柏拉图早期对话录《卡尔米德篇》（*Charmides*）与《普罗泰戈拉篇》（*Protagoras*）和晚期对话录《克里底亚篇》（*Critias*）与《蒂迈欧篇》（*Timaeus*）。

⑪ 斯巴达人之所以同意恢复民主政治，乃是因为他们认识到在雅典建立僭主政治是徒劳的。"三十僭主"上台没多久，忠诚的民主党人就发动了一次政变，导致包括克里底亚在内的数名僭

主死亡。

⑫ 此处说法不甚确切。据中译本《回忆苏格拉底》（吴永泉 译，北京：商务印书馆，2001年）第8—9页，这种描述其实出于苏格拉底的指控者，而色诺芬只是记录者。——译者注

⑬ 参见色诺芬《回忆苏格拉底》1.3.10和柏拉图《会饮篇》（*Symposium*）217c-d。另参见以下关于《会饮篇》的脚注15。

⑭ 在希腊社会，妇女的社会地位低下，仅仅被视为生育和性快乐的工具。于是，男女之间的浪漫爱情被认为不如两个男人之间的爱有价值。因为只有男人才被视为完全人性的和理性的，因而在两个男人之间才有爱情，在这爱情里，是两个理性存在物之间发生关系。对于古人来说，两个理性存在物之间的爱情是最高一类的爱情。

⑮ 在柏拉图对话录《会饮篇》中，阿尔西比亚德斯表达了他难以诱惑苏格拉底的沮丧之情。在阿尔西比亚德斯的故事中，有一种讽刺的意味。因为在古希腊，通常都是年长的更渴慕年轻的，而不是年轻的更渴慕年老的（因为年轻的比年老的更美丽）。但是，按照阿尔西比亚德斯（年轻的）的说法，他对苏格拉底的渴慕比苏格拉底对他的渴慕强得多。实际上，这里有双重的讽刺意味。因为阿尔西比亚德斯被认为是极其英俊的，而苏格拉底则不然：

　　……我常常去与他见面。那时，就只有我们两个人。我期待他说一些情人们独处时的窃窃私语——我喜欢这个念头。但，这从来都没有发生过！他继续如常地说话，一直说到该回家的时候。于是，我建议一起去体育馆做点运动，并且想一想注定要在那里发生的事。接下来，你能想象吗？我们一起做运

动,一起不停地摔跤,却丝毫没有心灵的沟通,我还是无所进展。嗯,我明白了,以这种方式,我肯定什么也得不到。但是,我已经开始,直到完全清楚自己的处境为止,我才会回头看一看。因此,我决定开始正面进攻。我邀请他吃晚饭,如同情人诱惑他的爱人一样,而不是相反。让他接受这些虽然也很不容易,但我会努力到底[《会饮篇》217b-d,迈克尔·乔伊斯(Michael Joyce)英译]。

⑯ 在柏拉图对话录《拉凯斯篇》(Laches)中,杰出的雅典将军拉凯斯(Laches)提到,苏格拉底与他一同在德立昂(Delium)英勇作战(《拉凯斯篇》181b)。另,在柏拉图《会饮篇》中,当谈及自己和苏格拉底在波狄提亚(Potidea)和德立昂的从军往事时,阿尔西比亚德斯表达了近似的观点(《会饮篇》220a-221b)。

⑰ 在记录苏格拉底申辩的《申辩篇》32b-d中,苏格拉底说过,当"三十僭主"派他去逮捕萨拉米斯的莱翁(Leon of Salamis)来执行死刑时,他拒绝服从。在同一段话中,苏格拉底还宣称"三十僭主"是邪恶的,这表明他并不赞同这个集团的策略。

⑱ 伟大的哲学家、师从柏拉图20年的亚里士多德(前384—前322年)也曾提及苏格拉底。但是,亚里士多德在苏格拉底死后17年才出生。既然亚里士多德对苏格拉底并没有直接的认识,人们就不把他当作研究苏格拉底的首要资源。另,亚里士多德对苏格拉底的报道近似于柏拉图早期对话录中的报道。

⑲ 参见《云》第50—51页,收入《阿里斯托芬戏剧集》(阿罗·史密斯 英译,1994年)。

⑳ 在柏拉图《申辩篇》19e，苏格拉底声称自己不是一名收费的教师。色诺芬的《回忆苏格拉底》1.2.60确证了这项声称。

㉑ 参见柏拉图《申辩篇》23b-c。在这里，苏格拉底宣称，他在雅典的哲学活动乃是为了遵从阿波罗的神圣命令。在《回忆苏格拉底》中的某些段落（如1.3.1-1.3.4），色诺芬暗示苏格拉底不是无神论者。

㉒ 比如，在《回忆苏格拉底》4.7.5中，色诺芬写道：

> 至于为了分辨那些不在同一轨道上旋转的天体、行星和彗星，为了计算它们与大地的距离、它们旋转的周期和原因而消耗精力的天文学研究，[苏格拉底]强烈地加以反对。他还说，他看不出这些研究的目的何在。其实，他自己也上过关于这些题目的课。不过，他依然认为，这样的研究会消耗人的毕生精力，以至于使人不能进行其他的有用研究。

另参见《回忆苏格拉底》4.7.6。《回忆苏格拉底》的英文译文均出自马查特（E. C. Marchant）。

（本书译文或多或少地参考了吴永泉中译本。下同，不再说明。另，英文原文似有缺漏。——译者注）

㉓ 参见《斐德罗篇》229d-230b。

㉔ 亚里士多德也声称，苏格拉底对道德问题比对科学问题更感兴趣。参见其《形而上学》（*Metaphysics*）987b。

㉕ 主要的争论发生于如下两方之间：一方是主张色诺芬描写了历史上的苏格拉底的列奥·施特劳斯；另一方是主张柏拉图早期对话录刻画了历史上的苏格拉底的格列高利·弗拉思托斯。施特劳斯的《色诺芬的苏格拉底》详细地讨论了色诺芬关于苏格拉底的见证；托马斯·布里克豪斯和尼古拉·史密斯的《柏拉

图的苏格拉底》详细地评述了柏拉图关于苏格拉底的见证。

㉖ 黑泽明的电影作品《罗生门》改编自芥川龙之介（Ryunosuke Akutagawa）的短篇小说《罗生门》和《在树林中》（*In the Woods*）。在黑泽明的电影中，一名女子被强暴，一名男子被谋杀。不过，这个事件以闪回的方式由四个不同的叙述者来呈现：被强暴的女子，被谋杀的男子，所谓的凶手和"不偏不倚的观察者"。这四个描述即使有一些近似之处，但其中的差异也很重大。

㉗ 在以下出自《云》的引文里，苏格拉底被描绘成思考跳蚤运动能力的人。即将成为苏格拉底门徒的斯特瑞西得（Strepsiades）来参加苏格拉底的学校——"思想作坊"（Thinkery）。入学以后，斯特瑞西得同苏格拉底的一位门徒谈话，那位门徒告知了他苏格拉底最近的发现：

门徒：你听。就刚刚，苏格拉底问凯勒丰（Chairephon）一只跳蚤能够跳过几个"跳蚤脚"。你知道，一只跳蚤刚巧咬了凯勒丰的眉毛一下，然后又跳到了苏格拉底的头上。

斯特瑞西得：他是如何测量的？

门徒：绝对天才的做法！首先，他熔化了一些蜡。然后，他捉住那只跳蚤，把它小小的一节浸入熔化的蜡中，使之冷却。你瞧，可怜的波斯小俘虏。他放开那小俘虏，结果就量出了它所跳的距离。

门徒：主宙斯呀！（即天哪！——译者注）他多么敏锐、灵巧呀！

参见《云》第32—33页，收入《阿里斯托芬戏剧集》（阿罗·史密斯 英译，1994年）。

㉘ 因而，学者们公认，在《云》中，阿里斯托芬试图用名为"苏格拉底"的角色来表明对雅典知识分子的一般性看法。毕竟，苏格拉底是众多雅典人所熟悉的知识分子。而且，喜剧要想描绘一个人，倘若这个人广为人知，其效果就会好得多。

㉙ 参见《回忆苏格拉底》的1.1.20和1.3.1-1.3.4。

㉚ 原文只有注解标号，却无具体内容。——译者注

㉛ 色诺芬宣称，苏格拉底用他的"神圣指引"来劝告他人做什么和不做什么：

> 依照神的警告，他劝告他的同伴们做某些事情，而不做另一些事情。那些听从他指点的人都诸事顺利，而不理睬他建议的人则懊悔不已。（《回忆苏格拉底》1.1.4）

另参见柏拉图《申辩篇》4.8.1。

㉜ 英文译文出自马查特。

㉝ 色诺芬描述道，苏格拉底和欧绪弗洛这样的雅典普通预言家没有什么区别：

> 他并没有比其他那些依赖征兆、神谕、异兆和祭祀的占卜信仰者引进过什么更新奇的东西。（《回忆苏格拉底》1.1.3）

㉞ 《欧绪弗洛篇》的英文译文均出自莱恩·库珀（Lane Cooper）。

㉟ 另参见《申辩篇》40b。《申辩篇》的英文译文均出自休·特里德尼克（Hugh Treddenick）。

（本书译文参考严群的中译本，参见《游叙弗伦·苏格拉底的申辩·克力同》，北京：商务印书馆，1983年。——译者注）

㊱ 应指当今的罗马大公教会教宗约翰-保罗二世（John-Paul II）。——译者注

2

On Socrates ——— 苏格拉底的审判

柏拉图的《申辩篇》

苏格拉底所受的正式指控有腐蚀青年、崇拜新神和不崇拜雅典诸神。他为自己申辩的那场真实审判发生在公元前 399 年。

柏拉图的《申辩篇》（申辩在此意味着"辩护"，而不是"承认不对"）是对苏格拉底受审的报道。①《申辩篇》是少数几篇苏格拉底谈及其信念和行为的柏拉图对话录之一。正如你现在所知道的，在柏拉图早期对话录中，苏格拉底盘问他人的道德观点，并且避免全面讨论自己的道德观点。然而，在《申辩篇》中，苏格拉底不但谈及自己的一些信念，而且在面临指控时为自己的行为（甚至生活）作出申辩。

因此，比起柏拉图的其他早期对话录来，《申辩篇》提供了更多历史上的苏格拉底的信息。《申辩篇》包括苏格拉底对其所过生活的解释和申辩。《申辩篇》是苏格拉底自己的申辩。

在第一章，我们讨论了一些苏格拉底为什么被感知为宗教改革家和腐蚀青年者的原因，即苏格拉底不仅具有非传统的道德观点，而且还教导年轻人盘问和反驳长辈。由于这些缘故（也许还有别的），苏格拉底被感知为宗教改革家和腐蚀青年者。在申辩中，苏格拉底辩称，这些感知都是错误的，对他的正式指控也都是无根据的。

现在，让我们来看看在柏拉图《申辩篇》中苏格拉底为自己所作的真实申辩。

早先的非正式指控

在受审时，苏格拉底从始至终都在为自己申辩。他认为对他的正式指控出于"多年以来的错误印象"（《申辩篇》19a）。他不仅说了这种错误感知，而且声称实际上他要申辩的有两种指控。一方面，他要针对阿尼图斯、美勒托和莱康的指控作出自我申辩；另一方面，他要针对其他人长久以来的错误感知作出自我申辩。苏格拉底把这些旧的指控称为"非正式的"指控，这些指控不像阿尼图斯、美勒托和莱康的指控那样是法律性的指控。这些旧的指控不过是其他人对苏格拉底的不利感知。不过，苏格拉底相信，即使是"非正式的"、"不利的"感知也可能是有力量的和危险的。

在申辩中，苏格拉底辩称，这些早先对他的感知是不正确的，而且这些感知会传给下几代人，从而他们对苏格拉底的理解也是错误的。在我们当今的时代，某人也可以同样地说，纳粹主义一代代地被传承着。那些对某些种族有偏见、把这些种族的人感知为"劣等的"人们，通常都会把这种感知传给他们的孩子、孩子的孩子……苏格拉底以同样的方式表明，对他的错误感知代代流传，最终导致了对他的正式指控。在受审中，苏格拉底陈述了长久以来他人是如何感知他的：

> 让我们回到一开始，考虑一下使我如此不受欢迎，又使得美勒托起诉我的指控是什么。那好，批评者在攻击我的性格时说了些什么呢？尽管他们是我的起诉人，我还是不得不读出他们的书面陈述：苏格拉底的罪行在于惹是生非，他探究地下天上的事情，用较无力的论证驳倒较有力的证明，而且教别人学他的样子。（《申辩篇》19b-c）

这些指控可以简略表述为，他人把苏格拉底感知为自然主义者和智者。自然主义者从事"探究地下天上的事情"，而智者就如你将看到的一样"用较无力的论证驳倒较有力的证明"。苏格拉底声称,这些早先的非正式指控是无根据的,从而否定了自己是自然主义者和智者。

谁是自然主义者?

早先的指控者指控苏格拉底"探究地下天上的事情",即指控他是自然主义者,也就是说,探究宇宙、行星和恒星的存在、一般的自然现象等问题的人。

自然主义者是当之无愧的革命者。他们挑战传统的、流俗的观点,这种观点认为自然事件(如下雨、打雷、地震等)受奥林匹斯山诸神意志和意愿的影响。确实,在大多数雅典人看来,比如打雷这样的自然现象是宙斯发怒的结果。然而,古代的自然主义者向这种观点发出挑战。他们认为,自然事件应该可以由自然法则或原则、而不是以诸神的意志和意愿来解释。比如,自然主义者阿那克萨戈拉(Anaxagoras,公元前500—前428)解释说,地球的悬置不是因为海神波塞冬(Poseidon)这样做的,而是因为下面空气的阻挡。②

既然自然主义者不诉求奥林匹斯山诸神而提出对自然现象的解释,很多人就把他们感知为无神论者和不虔诚的异教徒。但这是一种典型的错误感知。例如,自然主义哲学家泰勒斯

（Thales）用"地球在水上翻滚"，而不用波塞冬的愤怒来解释地震，还主张"万物皆充满神灵"。③还有，另一位自然主义者阿那克萨戈拉主张，世界秩序是由"理智"产生的。④泰勒斯和阿那克萨戈拉在此所意指的是什么，我们并不清楚。但他们不太可能是在谈论诸如宙斯、波塞冬和雅典娜（Athena）这些奥林匹斯山的男神和女神。因此，虽然自然主义者不是无神论者，但他们可能的确接受了新奇的、非传统的宗教观念。

然而，把自然主义者视为不虔诚的无神论者的错误观点非常流行。结果，自然主义者遭受了很多雅典人的非难。其实，阿那克萨戈拉就因为其学说被起诉为不虔诚而被传讯过。⑤一般的雅典人可能认为，自然主义者以其世俗的解释惹恼了诸神。雅典人把苏格拉底感知为一位自然主义哲学家，就有可能认为他是无神论者。

谁是智者？

除了把苏格拉底感知为自然主义者外，苏格拉底的早先指控者还感知他"用较无力的论证驳倒较有力的证明"。这个指控暗示出苏格拉底被感知为一名智者。

智者是游走各地的教师，被很多人认为是有智慧的。他们向人传播智慧以收取费用。他们主要的服务对象是那些富有的、试图谋求显赫政治地位的雅典公民——那些付得起费用的人。在雅典，谋求政治势力和影响的人必须学会在公民大会——雅典的主要政治机构，其作用类似于美国的参议院——中说服别人和进行有效的辩论。智者均为技艺娴熟的修辞学家和擅于雄辩的演说家，他们能够有效地辩论任何一个题目，即使他们不相信所辩论的是真的。⑥既然智者如此善于辩论，有政治追求的人自然趋之若鹜。

对于雅典人而言，虽然他们有足够充分的理由从智者那里寻求政治训练，但一些人对认为智者是合适的政治导师的信念提出了批评。在直言不讳地批评智者的人当中，柏拉图无疑是其中的一位。柏拉图认为，合适的政治导师首先应当具有正义的知识，而且是有德性的。柏拉图相信，合适的政治领袖与其说依赖于修辞学的技巧，还不如说依赖于知道如何依据不公正之人的说法作出公正的裁决。⑦

"用较无力的论证驳倒较有力的证明"

智者如此擅长辩论，以至于他们可以"用较无力的论证驳倒较有力的证明"。换句话说，在两个互相矛盾的命题中，智者可以证明，被认为理由较少的命题比被认为理由较多的命题有着更强的支持性论据。比如，看看以下两个互相矛盾的命题：

运动是真实的。运动是虚幻的。

对你而言，命题"运动是真实的"很可能比命题"运动是虚幻的"更有道理。眼睛会告诉你，运动实实在在是真实的，而且没有明显的证据证明运动是虚幻的。那么，就让我们说，"运动是真实的"是更有力的命题，而"运动是虚幻的"是更无力的命题。然而，可能知道苏格拉底的著名希腊哲学家爱利亚的芝诺（Zeno of Elea）[8]却指出，前者比后者实际上"更无力"。[9]于是，芝诺用较无力的命题驳倒了更有力的命题。虽然芝诺不是智者，就其掌握的能够用较无力命题驳倒更有力命题的修辞学和辩论技巧而言，他却"像"一名智者。柏拉图重要对话录《高尔吉亚篇》（*Gorgias*）中的高尔吉亚（Gorgias）是一位有名的智者，他为看来荒谬的"无物存在"而争辩。确实，这个主张比其反命题"有物存在"的确更为无力。毕竟，我们所有经验的都明确地显明"有物存在"。但高尔吉亚却竭力证明，更有力、理由更充分的命题是"无物存在"！[10]这种论证是智者的标志之一。

智者对雅典造成的威胁

诚然，智者的辩论对那些经历过的人产生了头晕目眩、目瞪口呆（甚至灰心丧气）的效果。智者虽然被认为是有智慧的，但还是有人发觉他们是有威胁的和不安全的。因为智者宣称，"关于任何事物都有两个自相矛盾的论证"。⑪这个宣称的逻辑后果非常严重。倘若关于任何事物都有两个自相矛盾的论证，那实际上就没有任何事物和任何信念是神圣的。比如，"上帝存在"这个命题看来有说服力，但智者会争辩说它是没有根据的。反过来，"上帝存在"这个命题看来没有说服力，但智者会争辩说它事实上是有说服力的！某人信仰什么并不要紧，智者有着如此聪明的辩论技巧，以至于他们可以反驳任何东西。

部分地因为相信任何事物都可以辩之或驳之，智者宣扬相对主义，认为没有普遍的、客观的、人性的超越真理。⑫即使有普遍真理，我们又如何知道呢？显然不是通过理性和论证，因为任何命题在原则上都可以被推翻。于是，智者致力于反驳各种主张，以证明没有可被认知的超越真理。结果，智者不断地宣传这样的信息：论证不是帮助人们发现或接近真理的工具。他们反而提出这样的观点：论证对那些谋求掌握说服艺术或试图展示和卖弄修辞技巧的人最为重要。

智者认为没有普遍的、客观的、人性的超越真理。此观点对于那些相信这种真理存在——比如，可以通过宗教或文化传统发现——的人来说，着实让人不安。此外，智者标志性的相对主义，对于那些颇有兴致地试图使别人相信有这种真理的人来说，也的确令人烦扰。因此，智者并非总是得到善意的感知。他们凡主张皆不神圣的革命性观点——既然任何主张都可被反驳——造成了严重的威胁。对那些相信理性和论证是人类可能接近甚或达致真理之工具的人⑬来说，智者的这种观点也造成了威胁。

为什么苏格拉底既不是自然主义者，也不是智者？

按照苏格拉底的说法，早先的指控者把他感知为自然主义者，从而将他感知为对自然事件提供科学而不是宗教解释的无神论思想者。早先的指控者还把苏格拉底当作智者，而智者用论证表明任何主张都可以被反驳，而且没有普遍的、客观的和人性的超越真理。

在说出早先对自己的指控时，苏格拉底解释说，阿里斯托芬在《云》中对他的描绘部分地是因为他被感知为自然主义者和智者。回想一下，阿里斯托芬把苏格拉底描述成收费的教师和关注科学事物的无神论者。譬如，在《云》中，阿里斯托芬描述了苏格拉底与门徒斯特瑞西德的如下对话：

> 苏格拉底：宙斯？什么宙斯？瞎扯淡。根本就没有宙斯。
>
> 斯特瑞西德：没有宙斯？那谁让雨降下来？请

回答我这个问题。

> 苏格拉底：为什么，当然是云。而且，其证据是无可争议的。比如，你每次没有看到云的时候，你看到雨了吗？倘若你的假设是正确的，那么当云度假时，宙斯就能从空荡荡的天空中使雨降下来。⑭

如此，苏格拉底被描绘成收费的自然主义哲学家和无神论者。在受审时，苏格拉底解释了阿里斯托芬的描述为什么是错误的。在申辩中，苏格拉底宣称他不是自然主义者，因为他对自然主义所关心的各种事情并不感兴趣。他也否认自己是智者，因为他从未收取过任何费用。苏格拉底还宣称，陪审团的成员能够证明这个事实。

> ……在阿里斯托芬的戏剧《云》中，你们已经看到一个这样的苏格拉底，他到处转悠，自命能在空中行走，尽说些我毫不知晓的无稽之谈。我的意思不是要贬低这样的知识，倘若有人真是这方面的行家。我只是不想遭受美勒托提出的任何诉讼。先生们，其实我跟这种知识毫无干系。更重要的是，请你们中的大多数人为我的陈述作证。我请求所有听过我说话的人——在座听过的人也不少——请相互质询这一点，看看你们是否或多或少地听过我讨

论这样的问题。由此，你们会认识到，其他关于我的流言都同样地不可置信。事实上，这些指控没有一样是真的。倘若你曾听说我教育众人并且借此收费，这也不是事实。(《申辩篇》19c-e)

由此，通过说明阿里斯托芬对自己的描述并不正确，苏格拉底反驳了早先的指控，为自己作出了申辩——苏格拉底否认自己是自然主义者、智者。不过，纵使阿里斯托芬对苏格拉底的报道不正确，但雅典人毕竟相信了它。至关紧要的问题是为什么？这是苏格拉底在申辩中试图回答的下一个问题。

德尔斐的神谕

苏格拉底向陪审团解释说，许多人之所以相信阿里斯托芬的描述是正确的，是因为他们被苏格拉底的盘问和反驳激怒了。在申辩中，苏格拉底解释说，他盘问和反驳他人，不是为了激怒他们，而是为了理解德尔斐（Delph）的阿波罗给他的神谕。⑮苏格拉底的朋友凯勒丰，向据信为阿波罗神中介的一位女祭司问了这样一个问题：谁是雅典最有智慧的人？女祭司回答道，"苏格拉底"。这让苏格拉底疑惑不解。因为他知道自己并非是有智慧的。想象一下，某位教授从一次数学会议归来告诉你说，你在此次会议上被誉为世界上最有智慧的数学家，你肯定会因此感到不安和疑惑，因为你知道自己对数学所知甚少。这就是苏格拉底听到凯勒丰的说法后所感受到的。他向陪审团这样说：

你们当然知道凯勒丰吧……有一天，他真的跑到德尔斐去问问题……他问神，是否有人比我本人更有智慧。女祭司的回应是没有……请想想我为什么要告诉你们这些。我想要向你们说明对我名誉的攻击从何而起。当我听到神谕的回答后，我扪心自问：神的意思是什么？为什么他不用直白的言语？我非常清楚，自己根本没有智慧。那么，神说我是世界上最有智慧的人是什么意思呢？他不可能说谎，这不符合他的本性。

有一段时间，我对我的疑惑难以释怀。最后，我勉为其难地开始以如下方式查验真相。我拜访了一位以智慧著称的人。我觉得，在他那里，我可以成功地证明那神谕不成立，并且向我神圣的权威指出，你说我是最有智慧的人，但这里有比我更有智慧的人。

我彻底地省察了此人……在和他的交谈中，我形成了这样的印象：在很多人（特别是他自己）眼里，他显得很有智慧，但实际情况则不然。于是，我开始试图向他指出，他只不过自以为有智慧，而实际

苏格拉底的审判　057

> 则不然。结果，我的努力遭到了他和在场许多人的怨恨。走开后，我反省到，嗯，我比这个人更有智慧。非常可能的是，我们俩都没有什么知识可以吹嘘。可是，他以不知为知，而我非常清楚自己毫无智慧。不管怎么说，在最小的程度上，我似乎比他更有智慧，我不以不知为知。(《申辩篇》21b-d)。

苏格拉底继续说道，在拜访这位政治家⑯后，他不断拜访别的政治家和其他常被认为有智慧的代表人物，即诗人和手工艺人。每次，苏格拉底都发现同样的事情：所有这些人都认为自己有智慧，纵使他们并非如此。苏格拉底认识到自己比所有这些人都更有智慧，因为他知道自己什么也不知道，而这些人以为自己知道什么，实际上什么也不知道。

神谕的意思

苏格拉底向陪审团解释说，自从开始试图理解神谕，自从发现被认为有智慧的人实际上无知，他开始明白神谕说他是雅典最有智慧之人的意思：

> 先生们，事情的真相确定无误，真智慧属于神，他借着神谕告诉我们，人类的智慧很少或者没有价

○ 值。在我看来，他不是在直接说我，而只是以我的名字为例。他好像在对我们说，在你们人类之中，谁明白就智慧而言他实在不算什么，谁就最有智慧，比如苏格拉底。(《申辩篇》23a-b）

苏格拉底认识到，许多雅典人错误地以为自己有智慧，从而不知道神谕是在说真智慧单单属于神。于是，他得出结论，为了说明人类不可能拥有智慧，神谕选出他来作为例子。

对苏格拉底的敌意和愤怒

为什么苏格拉底试图明白神谕的努力激怒了人们，这很容易理解。苏格拉底一再向对话者指出，后者不是有智慧的，而是无知的。此外，因为苏格拉底的省察是公开进行的，这又羞辱了他的对话者。想象一下，因为具有历史的专门知识，你受到朋友和同事的广泛尊重，而且你以为自己真的具有这些知识，倘若你被揭露为一无所知，你肯定会感到羞耻，特别在以为你有智慧之人的面前。苏格拉底承认他的省察会羞辱他人，但他相信，倘若人们认识到自己的无知，他们会变得好一些。尽管如此，人们还是被苏格拉底大大地激怒了。

更激怒雅典人的是，苏格拉底对雅典青年的影响。在第一章，我们提及，雅典的青年喜欢看苏格拉底省察他人，而且通过观察在集市上的苏格拉底，这些青年学会了盘问和反驳长辈。的确，雅典的青年认识到，问苏格拉底所问的那类问题，会帮助他们暴露长辈的无知。按照苏格拉底的说法，雅典青年质疑和反驳长辈的能耐加强了人们对他的恼怒和敌意（《申辩篇》23c）。因为每个人都知道这些青年是从哪里学到这些技巧的。

许多雅典人之所以被激怒，是因为他们不仅被苏格拉底，而且还被这些雅典青年反驳。按照苏格拉底的说法，正是这种恼怒实实在在地隐藏在早先的非正式指控中。知道自己并非有智慧而是无知的，随之而来的正是这种恼怒不安和心神不定。也正是这种恼怒不安和心神不定，迫使许多雅典人把苏格拉底感知为自然主义者和智者——正如我们所知道的，这是两种宣扬不受欢迎的、颇具危险之观点的知识分子。正是雅典人对自己的不满导致他们相信，阿里斯托芬对苏格拉底的描述是正确的。不是面对自己无知的真相，不是承担责任而试图减少自己的无知，雅典人采取了一种轻松的方式，宣称苏格拉底是自然主义者和智者。

把苏格拉底错误地感知为智者和自然主义者，不仅仅产生于阿里斯托芬在《云》中对他的描述，而且产生于苏格拉底谋求理解神谕之意的努力（不经意地）导致的恼怒和羞辱感，这两者最终组合起来了。对苏格拉底的正式指控——腐蚀青年、崇拜新神和不崇拜城邦诸神——是为了保护一些职业人士的利益。而在试图理解神谕的过程中，苏格拉底早已证明了这些职业人士的无知。苏格拉底后来的指控者——阿尼图斯、美勒托和莱康三人分别代表了苏格拉底试图发现神谕之意的过程中所省察的不同职业团体：阿尼图斯代表愤愤不平的手工艺人和政治家，美勒托代表被激怒的诗人，而莱康代表蒙羞的演说家。结果，对苏格拉底的"共同起诉"实际上主要产生于别人对他的恼怒。那么，就让我们来看看苏格拉底对阿尼图斯、美勒托和莱康之新近指控的申辩吧。

新近的正式指控

令人关注的是，对三项正式指控（腐蚀青年、崇拜新神和不崇拜城邦诸神）进行申辩时，苏格拉底仅仅反驳了其中的两项指控，但并没有反驳不崇拜城邦诸神这项指控。对此未作出明确的反驳，可能是因为苏格拉底承认自己的这项罪名。倘若如此，其中颇有意味。正如我们所看到的，苏格拉底的神圣声音是一种非传统的宗教经验。此外，在早先的《欧绪弗洛篇》中，我们看到了，苏格拉底不仅不相信传统的诸神故事，而且还宣扬一种前所未有的宗教观点，即神圣的存在不依赖于诸神。显然，苏格拉底真的具有非传统的宗教观点，而且崇拜不为雅典人所承认的神（或诸神）。不过，苏格拉底认为，其他两项对他的指控是错误的，而且相应地进行了反驳。

"苏格拉底犯了腐蚀青年之罪"

苏格拉底说,第一项指控是声称他有腐蚀青年之罪。他辩称,要么他没有腐蚀青年,要么即使这样做了,他也不是有意的。苏格拉底得出结论说,不管是哪种情况,对他的审判都是不必要且不公正的。

在对这项指控进行申辩时,苏格拉底盘问了其中的一位指控者美勒托。后者宣称,苏格拉底是雅典唯一有意腐蚀青年的人。于是,苏格拉底引导美勒托承认没有人愿意彼此伤害对方。接着,他问美勒托:

> 我竟然如此无知得不可救药,以至于认识不到毁掉结交之人的个性,可能使他受到伤害吗?因为没有其他原因会让我有意地犯下如此严重的过错。不,美勒托,我不相信你所说的。我想,其他任何人也都不会相信。要么我没有如此恶劣的影响,要么我无心地产生了如此恶劣的影响。所以,不管在何种情况下,你的指控都是错误的。倘若我无心地产生了恶劣影响,对待这种无心的不端行为,正确的程序不是把干犯者传讯到法庭,而是私下把他叫到一边告诫一番。显然,假若有人指点我,我就会停止无心所做的事。可是,你过去刻意回避我,不

○ 让我与你结交，不肯开导我，现在却把我带到法庭。法庭是用来惩罚人的，而不是用来开导人的。(《申辩篇》25e-26a）

在反驳腐蚀青年这项指控时，苏格拉底表明，甚至美勒托自己都不相信苏格拉底应该被审判和定罪！如果美勒托相信没有人会愿意被他人伤害，那么苏格拉底并不例外。于是，要么苏格拉底没有腐蚀青年，要么他无心地腐蚀了青年。为什么？因为青年反过来会腐蚀苏格拉底，而按照美勒托的说法，没有人愿意如此。所以，正如苏格拉底所说的，倘若他腐蚀了青年，那么这是无心的。而且，如果苏格拉底偶尔（即无心地）腐蚀了青年，那他就应该被私下责备，而不是遭受审判并得到死刑的惩罚。的确，如果苏格拉底无心地腐蚀了青年，这种无知当然不应受到死刑的惩罚。倘若如此，这就像在说，开车的人无心地伤害了他人，他会被判以死刑（因为汽车尾气含有要命的致癌物质）。但这显然是荒谬的。

"苏格拉底犯了不崇拜雅典诸神罪"

在对腐蚀青年这项指控进行申辩后，苏格拉底说出了另一项指控：他不崇拜雅典诸神。为了反驳这项指控，苏格拉底说自己不太清楚此指控的意思，请美勒托澄清一下。美勒托说，这项指控意为苏格拉底是彻底的无神论者，也就是说，苏格拉底不相信任何神灵。苏格拉底指出，倘若这是该指控的意旨，那么美勒托的讼词实在是自相矛盾的！因为苏格拉底所受的指控有：崇拜新神和不崇拜城邦诸神。倘若说苏格拉底不崇拜城邦诸神的指控等同于说他是无神论者的断言，但以下的说法肯定是相互矛盾的：一方面，苏格拉底是无神论者；另一方面，苏格拉底崇拜新神。因为无神论者不崇拜任何神灵！由此，通过显明该指控与另一项指控（所指控崇拜的新神当然是某种神灵）互相矛盾，苏格拉底反驳了说他不崇拜城邦诸神（即，按照美勒托的说法，苏格拉底是无神论者）的指控。

苏格拉底对这项指控的反驳运用了他常用的技巧。正是运用这种技巧，苏格拉底导引他的对话者同意一些断言，接着他就会显明这些断言彼此不一致。苏格拉底表明，倘若美勒托断言：（1）苏格拉底是无神论者和（2）苏格拉底崇拜新神，那么美勒托就是自相矛盾的。当某人自相矛盾时，就有理由得出这样的结论说，这样的人不清楚自己所相信的是什么，而且他们从未认真考虑过自己的信念。通过显明对他的正式指控并非一致，苏格拉底表明，美勒托从未认真考虑过自己对苏格拉底的正式指控。

神给雅典的恩赐

在反驳阿尼图斯、美勒托和莱康的新近指控后，苏格拉底向陪审团解释了为什么判处他死刑是错误的。苏格拉底相信，自己是阿波罗神给雅典的恩赐。他说，倘若雅典人决定对他施以死刑，将会伤害到"神的恩赐"。这当然是错误的：

> 我向你们保证，如果我真是我所宣称的人，那么你们对我施以死刑就会伤害你们自己更甚于伤害我……所以，先生们，我远非是为自己申诉，正如有人会想到的，我实实在在是为你们申诉，以免你们因判我死刑而误用了神的恩赐。如果你们对我施以死刑，你们将难以找到代替我的人。这听起来非常可笑，但确实是真的。这座城市好像是一匹肥硕的良种马，但日趋懒惰，需要牛虻的刺激。神特意派我来到这里，似乎正是为了让我执行牛虻的职责，不停地到这到那，四处唤醒、劝告和责备你们每个人。像我这样的人，你们很难找到第二个。如果听得进我的建议，你们就会放我一条生路。（《申辩篇》30c-31a）

苏格拉底告诉陪审团的不仅仅是如果他们判处神的恩赐死刑就会遭受伤害，而且他还宣称，如果被释放，他还会继续省察他人，继续从事哲学活动，尽管城邦命令他不得如此：

如果，正如我所说的，你们会依此条件释放我，我会这样回应你们：先生们，我是你们满怀感激的和忠诚的仆人，但我服从神超过服从你们。只要一息尚存且力所能及，我决不会放弃从事哲学活动，我会规劝你们，向遇到的每一个人阐明真理。我会以习惯的口吻说，好朋友呀，你是雅典人，你属于这座世上最伟大、最以智慧和实力著称的城市。你专注于尽可能地赚取钱财、猎取名誉，而不曾在意思想、真理、理智和灵魂的完善，你不觉得惭愧吗？

如果你们当中有人反唇相讥，自称关心这些事情，那么我可不会马上就放过他，自己也不会轻易走开。决不。我会接二连三地盘问他。如果发现他自称德性（goodness）有所实质进步而实际上根本没有，那么我就会指责他忽视了最重要的事情而只关注于一些微末之事。每每遇到人，我都会这么做，不管对方是年长的或年轻的、是外国人还是本邦公民。尤其对你们，我的本邦公民们，因为你们和我有着更近的亲属关系。我向你们保证，这是神对我的命令，而且我也相信，我对神的服侍是本邦从未遭逢的大好事。我用尽所有时间来试图说服你们（无论老幼）把关注的首要焦点不是放在自己的身体和财产上，而是放在灵魂的最高福祉上。(《申辩篇》29d-30b）

请注意，苏格拉底宣称，人类应该实实在在地关注真理、理智和灵魂的完善。当我们记起苏格拉底宣称阿波罗神谕之意旨是人类不可能拥有智慧的时候，这是极为重要的。请记住，正如他相信智慧属于神一样，苏格拉底甚至不认为他自己有智慧（《申辩篇》23a）。然而，尽管认为人类不可能拥有智慧，他依然宣称人不仅应该关注自身灵魂的完善，而且应该从事哲学活动，否则人生不值得过：

> 如果我说，（不从事哲学活动）是对神的违背，这就是我不能"少管闲事"的原因。你们就不会相信我是认真的。如果我再告诉你们不要让每日虚度，要每天讨论听我谈及的善和其他问题，要省察自己和他人，这实在是人所能做的最好之事，未经省察的人生不值得过。你们就更不会相信我。(《申辩篇》38a）

尽管人不可能达至智慧，但苏格拉底并不认为追寻智慧是无意义的。相反，苏格拉底从人不可能拥有智慧的事实得出这样的结论：人依然应通过"省察的"或"哲学的"生活尝试拥有智慧。为什么苏格拉底认为人应该通过"省察的"或"哲学的"生活尝试拥有智慧？这是我们下章讨论苏格拉底方法时会回答的问题。目前我们只需指出，苏格拉底认为，虽然人不可能拥有智慧，但他们依然应努力达至它。

省察的生活

请注意，当苏格拉底说人所能做的最好之事是过一种省察德性的生活之时，他所暗示的是什么。他承认智慧是人不能获得的，却又相信在努力去获得道德智慧时人会有所收益。因而，苏格拉底相信，努力去达到一种实际上不可企及的目标是有益的。如果你思量一番，可能会觉得这个想法很愚蠢，但这并非看起来那样牵强。想一想棒球。在一个赛季里，任何一支全美职业棒球联合会（Major League）⑰的球队都必须打162场比赛。任何一支球队都极难（实际上真的不可能）赢得所有162场比赛。但是，即使一个赛季真的不可能达到赢得所有162场比赛的目标，但是如果球队说努力达到此目标不过是无意义的，也是很愚蠢的。事实上，球队若试图赢得所有162场比赛，这会是很有助益的，因为这可能帮助他们赢得世界职业棒球锦标赛（World Series）⑱的桂冠！

关于智慧，苏格拉底说了一些类似的话。是的，智慧是不可企及的目标，但这并不意味着追求这目标是无意义的。事实上，苏格拉底宣称，追求智慧这个不可企及的目标，是人所能做的最好之事。他相信，阿波罗神命令他去帮助其他人达到这样的认识：他们应该追求智慧这个不可企及的目标，而且过省察的生活，而不是追逐金钱、名誉和政治权力，他们会获益匪浅。

对今天的读者而言，这听起来的确有点奇怪。对于苏格拉底的同胞雅典人而言，这听起来肯定也很诧异，因为他们实在是非常熟悉甚至在两千年以后我们的行为方式。正如我们中的许多人一样，雅典人从未梦想过他们能做的最好行为是努力追求道德智慧。同我们一样，雅典人相信，他们应该反过来去追求金钱、地位和权力。认识到同胞雅典人的目标和关注有误，苏格拉底相信，神谕指名道姓地把他挑选出来，命令他从事哲学活动、教导他人过省察的生活。

苏格拉底相信，自己是神给雅典的恩赐。在他心目中，自己被阿波罗神派来为雅典人"治病"——让他们认识到自己应该完全地集中于道德德性上，而不是别的什么。显然，苏格拉底虽然自以为无知，但他对如下信念非常自信：他不会停止从事哲学活动，即使阿波罗神命令他这么做，因为这是不对的。苏格拉底也对另一个信念非常自信：人应该把时间集中在德性上，努力追求道德智慧。于是，苏格拉底告诉陪审团，他们应该将敬意和感谢归于他，而不是以刑罚判处他，因为他帮助雅典人认识到他们的追求和目标被误导了。

陪审团的裁决

想象一下你是苏格拉底审判中陪审团的一员。他宣称自己是给雅典的"神的恩赐"，这会不会让你觉得难以置信？你会不会认为苏格拉底夸大其词、自命不凡？或者你会不会被苏格拉底所说的折服？苏格拉底一方面否认自己有智慧；另一方面又说哲学活动是人类所能做的最佳之事，你会不会觉得荒诞不经？

那么，陪审团的反应就没有什么可奇怪的了。听完申辩后，他们宣判苏格拉底有罪。在审判中有近500名陪审员，他们都是雅典本地出生的男人，其中有280人宣判苏格拉底有罪，这意味着有220位雅典人认为苏格拉底无罪。苏格拉底指出，如果两方票数对调30票，他就可能被释放了。（《申辩篇》36a）

尽管被大多数陪审员判为有罪，但是苏格拉底还是有机会提议采取其他惩罚方式来代替死刑。苏格拉底本可以建议对他的惩罚方式是罚款甚或流放，反正不是死刑。在苏格拉底受审这种情况下，被告若被发现有罪，有机会提议采取不同的惩罚方式。那么，你认为苏格拉底建议采取的另一种惩罚方式是什么呢？他提议他该被给予应得的！因为苏格拉底把自己视为神的恩赐，这是雅典从未发生过的大好事：

……我私下里对你们每个人个别地做那曾告知你们的最大可能的服侍。我试图说服你们每一个人注重城邦或其他任何事物的福祉甚于其实际利益。做这些，我应该得到什么呢？一些回报，先生们，倘若我一定要说出我真正该得的，倘若这回报与我

> 是相称的。那么,作为一个公众的造福者和需要闲暇给予你们道德鼓励的人,与我这个穷人相称的是什么呢?与我相称的,莫过于城邦出钱让我免费维持生计。(《申辩篇》36b)

苏格拉底自称,他不应被判处死刑,城邦应为他提供免费食宿。肯定有些陪审员会觉得这说法言过其实!不过,苏格拉底并非有意激怒陪审团,他只是说出了实话。因为他真的确信自己不仅没有做错,而且是来自阿波罗的恩赐。当说完应被给予免费食宿之后,苏格拉底承认,倘若有钱的话,自己应该提议采取缴纳罚金的惩罚方式。苏格拉底的确拿出了他付得起的一切:一个迈纳银币(mina of silver)[19]。之后,审判时在场的几个朋友自愿拿出钱给苏格拉底,因为罚金的数目很可观:30个迈纳银币。但是,陪审团宁愿裁定他死刑,而不接受苏格拉底30迈纳银币的罚款提议。

苏格拉底说,陪审团之所以一定判决他死刑,是为了避免看到他和雅典青年勉强他们去明白的真相,即人类是无知的,真智慧单单属于神。苏格拉底警告那些投票判其死刑的人,他已创建了一支其他雅典人组成的队伍,即一支年轻人组成的队伍,他们直到如今一直受到苏格拉底的管束,以后将会更加猛烈地抨击长辈的欺骗和虚伪。苏格拉底断言,无论怎么做,雅典人都不可能逃避这些抨击,除非他们变好。

你们判处我死刑,以为这样就可以使自己的行为逃避批评。可是,我说,结果恰恰适得其反。你们会有更多的批评者,这些人我直到如今一直管束着,你们还不知道呢。他们更年轻,会更苛刻、使你们更恼怒。你们以为借着死刑能禁止对你们错误生活方式的指摘,但却想错了。这种逃避的方法既不可能,也不体面。最好的、最清醒的方法不是禁人之口,而是自己尽可能地把人做好。这就是我对判我死刑者最后想说的几句话。(《申辩篇》39c-e)

苏格拉底已经预备好了年轻的雅典人继续他的工作,这些青年会去质询父母、教授和祭司,向他们表明他们所不愿面对的,即他们都是无知的,唯独神是有智慧的。

认识到自己的命运后,苏格拉底警告那些投票判他死刑的人,他们处死了神的恩赐,会因此受到惩罚。他还要那些投票判他无罪释放的人不必为最后的裁决而惊慌。按照苏格拉底的说法,死亡对人来说是一个秘密,是以下两者中的一种:死亡要么是无,要么是灵魂从这个世界迁移到另一个世界。苏格拉底宣称,不论何种情况,都没有什么好害怕的。一方面,如果死亡是无,这就像酣睡无梦的夜晚,而(苏格拉底注意到)这样的夜晚是颇受欢迎的。另一方面,如果死亡是灵魂从这个世界迁移到另一个世界,苏格拉底推断出,他就有机会与荷马（Homer）、赫西奥德（Hesiode）和阿喀琉斯（Achilles）这样逝去的伟人交谈。苏格拉底说，如果死亡让他与荷马和赫西奥德交谈，要是能这样，他愿意多死几次。（《申辩篇》40d-41c）

尽管努力地为自己申辩，向陪审团说明自己关心的不是使他人变坏，而是帮助人们明白他们的关注被误导了，苏格拉底还是被判处了死刑。显然，大多数陪审员不能确信苏格拉底有良善的意图。在他们看来，苏格拉底是一个惹是生非、令人恼怒的老头，他什么都不做，就知道批评他人。而且，在他们眼里，苏格拉底是一个危险人物，他通过公开地反驳德高望重之人来引诱和腐蚀青年。但是，苏格拉底坚称，他是努力帮助他人的。而且，正如你所知道的，柏拉图和色诺芬都同意这一点。为了弄清楚别人为什么把苏格拉底看作雅典的造福者，我们需要明白在盘问同胞雅典人之时苏格拉底究竟做了些什么。就让我们来看看苏格拉底盘问和反驳的方法——诘问式——这个主题吧。

复习题

1. 对苏格拉底早先的非正式指控是什么？
2. 谁是自然主义者和智者，他们为什么被感知为雅典的威胁？
3. 苏格拉底如何对他是智者和自然主义者的指控为自己申辩？
4. 按照苏格拉底的说法，为什么有些雅典人把他感知为智者和自然主义者？

5. 德尔斐神谕的故事是什么，它如何与对苏格拉底早先的非正式指控相关？

6. 按照苏格拉底的说法，神谕说他是雅典最有智慧之人有什么含义？

7. 苏格拉底如何对他不崇拜城邦诸神的指控为自己申辩？

8. 苏格拉底如何对他腐蚀青年的指控为自己申辩？

9. 按照苏格拉底的说法，阿波罗神命令他做什么？

10. 按照苏格拉底的说法，什么是人应该关注的最重要之事？

讨 论 题

1. 在申辩中，苏格拉底宣称，"未经省察的人生，不值得过"。你认为这宣称意味着什么？有没有理由说这是真实的？请解释。

2. 苏格拉底宣称，"无人拥有智慧"（《申辩篇》21b），你认为他的意思是什么？你同意吗？为什么同意或为什么不同意？[20]

3. 历史学家色诺芬说，苏格拉底并没有把申辩当真，他想的是用证词激怒法庭上的人而不是救自己的命。有证据支持色诺芬的解释吗？你同意吗？为什么同意或为什么不同意？

注释：

① 既然柏拉图暗示苏格拉底受审时他在场，我们就有充分理由相信《申辩篇》的大部分是关于这次审判的正确描述。当试图说服陪审团认为自己不是腐蚀青年者之时，苏格拉底提到了几个当时在场的人。柏拉图就是其中的一人。参见《申辩篇》34a。

② 参见希波吕托（Hippolytus）的《对所有异端的反驳》（*Refutations of All Heresies*）1.8.3。

③ 按照亚里士多德的说法，泰勒斯主张"万物皆充满神灵"（Everything is full of goods.）。参见亚里士多德《论灵魂》（De Anima, or On the Soul）411a7-8。

④ 参见亚里士多德《形而上学》985a18。

⑤ 由于其好朋友伯里克利（Pericles）的斡旋，阿那克萨戈拉被释。

⑥ 著名智者普罗泰戈拉（Protagoras）甚至说，无所谓真理或谬误，有的只是"更好的或更坏的"。按照他的说法，说某人正确地或错误地感知世界是不正确的，而应该说某人以更好的或更坏的方式感知世界。参见柏拉图《泰阿泰德篇》（Theatetus）166c。

⑦ 关于政治领袖应该具有的特性，柏拉图的《国家篇》提供了详尽讨论。特别参见第3卷至第7卷。

⑧ 在柏拉图对话录《巴门尼德篇》（Parmenides）中，有一则故事讲述了苏格拉底和芝诺对后者一些论证的讨论（参见《巴门尼德篇》127e-128d。——译者注）。

⑨ 芝诺论证说，从一点到另一点的运动是不可能的，因为任何两点之间有无数个点（比如芝加哥和纽约）。既然每个人都会同意行过无数个点是不可能的，因为无限（infinite）意味着"没有尽头"，那么就不可能从芝加哥到纽约，或者相反也是如此。运动是虚幻的。它不存在！这是芝诺许多论证中的一个。这些论证指出，实际上，为感官知觉所支持的显然"更有力的"信念比通过理性和论证所得到的似乎无理的信念"更无力"。参见辛普里丘（Simplicus）的《〈物理学〉注释》（Commentary on Aristotle's Phy-sics）1289，5。

⑩ 参见塞克斯都·恩披里柯（Sextus Empiricus）的《驳数学家》（Against the Mathemticians）7-65-68。

⑪ 第欧根尼·拉尔修（Diogenes Laertius）的《哲学家的生平》（*Lives of Philosophers*）声称，普罗塔戈拉有这种看法（9.5.1）。

⑫ 智者宣扬相对主义的另外一个原因是，他们认识到人们对事物有不同的感知。参见柏拉图的《泰阿泰德篇》152b。

⑬ 苏格拉底和深受其影响的柏拉图与亚里士多德均持这种观点。如今，认为理性和论证是人类接近真理之工具的观点获得了另一种表达，即相信科学借着所运用的理性方法正向真理迈近。持有此种观点的有卡尔·波普（Karl Popper），对之提出挑战的是著有《科学革命的结构》（*The Structure of Scientific Revolutions*）的托马斯·库恩（Thomas Kuhn）。

⑭ 参见《云》第50—51页，收入《阿里斯托芬戏剧集》（威廉·阿罗史密斯 英译，1994年）。

⑮ 发出神谕的神殿遍布雅典。人们相信，作为神对人说话的中介，女祭司（Pythia, 音译为"辟提亚"）可以回答各种问题，无论这问题出自普通市民，还是职业政治家。实际上，雅典生活方方面面的决定都是在咨询神谕以后作出的。

⑯ 作者把交代被访者身份的文字用省略号取代了。——译者注

⑰ 美国两大棒球职业联赛之一，或称全美棒球联合会。——译者注

⑱ 美国两大职业棒球联赛的决赛，定于每年秋季举行。——译者注

⑲ 迈纳，古希腊时的货币（或重量）单位。梭伦改革后，60迈纳等于1塔兰特（talent），1个迈纳等于100德拉克玛（Drachma）。——译者注

⑳ 此处似乎有误。《申辩篇》21b的意思是苏格拉底自认"我非常清楚自己毫无智慧"，近似的意思出现在23a，"真智慧属于神，他借着神谕告诉我们人类的智慧很少或者没有价值"。——译者注

3

On Socrates —————— 苏格拉底方法

苏格拉底的诘问式

现在,你们已经知道,苏格拉底对其同胞的省察导致了痛苦、恼怒和羞辱,由此产生的误解最终又引起了他的受审和被判处死刑。雅典人不可能、也不愿意面对苏格拉底和雅典青年所证明的:尽管雅典人十分自信,但他们事实上是无知的。

暴露他人的无知和欺骗,苏格拉底有一万全的方法,他称之为"诘问式"(elenchos,发音为 eh-lenk-us①)。"elen-chos"是用来表达"省察"(examination)和"考查"(test)之意的希腊词。由此而来的动词"elenchein"不仅仅有"省察"之意,而且有"羞辱"(to shame)或"反驳"(to refute）之意。苏格拉底能够对别人做所有这些事情，他借着问问题做到了。这些问题是苏格拉底为每一位受省察之人精心设计的。如果你生活在苏格拉底所处时代的雅典，苏格拉底就会特地为你设计问题，并向你表明，恰恰是你对这些问题的回答暴露了你的无知。

　　重要的是，苏格拉底并没有问一些看起来很困难的问题。实际上，他问的问题都是他人自信能回答的。不管是美诺（Meno）关于"德性"的观点，还是欧绪弗洛对于"神圣"的看法，他们总是自信能够回答苏格拉底的问题。譬如，就"神圣"这个主题省察欧绪弗洛之前，苏格拉底问欧绪弗洛是否自认为具有关于神圣的知识。欧绪弗洛回应道：

○　　　哎呀，苏格拉底，如果对所有这些都没有准确的知识，我就是一个无用之徒，我欧绪弗洛就和普通人没有什么区别。(《欧绪弗洛篇》4e)

　　这表明，被苏格拉底省察之前，欧绪弗洛非常自信地以为他知道神圣是什么。在欧绪弗洛的眼里，苏格拉底的问题看来几近愚蠢。欧绪弗洛认为自己当然知道神圣是什么。但是，和苏格拉底讨论此事之后，欧绪弗洛认识到哪里出了差错。尽管欧绪弗洛认为自己知道一点神圣的情况，但他只能勉强回答苏格拉底的问题。当然，这让欧绪弗洛觉得糊里糊涂，于是他说：

> 得了，苏格拉底，我只是不知道如何说出自己所想的。不知怎的，我们所讨论的一切都是不断地在绕圈子，而且没有什么讨论还停留在起初被提出的地方。（《欧绪弗洛篇》11b）

当苏格拉底的朋友美诺，一位德性方面的内行，认识到自己甚至不能说出德性是什么之时，他对苏格拉底说：

> 苏格拉底，甚至在我遇到你之前，他们就简略地告诉我你是充满疑惑的人，而且让别人也充满疑惑。此刻，我觉得你在我身上施了魔法和巫术，并且让我完全受制于你的诅咒直到我如此茫然无助。冒昧地说，我认为，不仅仅在外表上，而且在其他方面，你就像一条人们会在海里碰到的黄貂鱼。不论何时，只要人一接触到它，它就使人麻痹。而你似乎就在对我做同样的事情。我的心灵和嘴唇均已麻木，我没有什么可以回应的。关于德性，我已经讲过几百次，很多次都是在无数听众面前讲的，而且效果还不错，至少我是这么认为的。但是，现在我甚至说都说不出德性是什么。依我看，建议你不要离开雅典旅居国外的意见很好。在另一个国家，作为外国人的你如果这么做，很有可能会被当作巫师逮起来。（《美诺篇》80a-b）②

请注意，美诺声称，苏格拉底像条黄貂鱼，而且他用魔法和巫术反驳美诺的回答。因此，美诺认为，正是苏格拉底对他的回答做了什么手脚。欧绪弗洛也是这样看的。在其回答被反驳后，欧绪弗洛继续说道，苏格拉底有点玩弄他的回答，而且正是苏格拉底使得这回答绕来绕去。但是，苏格拉底否认了这些。他分别提醒美诺和欧绪弗洛，正是他们自己看到了其回答的问题。（《美诺篇》80d、《欧绪弗洛篇》11c）苏格拉底什么也没有做——正是美诺和欧绪弗洛说出了回答，并且承认这回答是有纰漏的。例如，就美诺理解和接受批评的程度而言，苏格拉底努力向他表明，某一部分的美诺承认回答是有纰漏的。当然，美诺的某些东西回答了苏格拉底的问题，但这不同于理解回答为什么错误的那部分美诺。因为倘若如此，美诺就不会把有纰漏的回答放在首位！这就好像美诺有两个自我，一个承认其陈述存在问题；另一个提出有纰漏的陈述。这正是苏格拉底试图向美诺和欧绪弗洛指明的，但他们都不明白。他们都以为苏格拉底是对其回答做了手脚的魔法师。

美诺和欧绪弗洛都没能看出，除了为他们着想以外，苏格拉底什么也没有做。比如，在显明美诺的回答有纰漏时，苏格拉底仅仅是说：瞧，美诺，如果你想想，你就会明白这是有纰漏的，并不是你真正所相信的，因而明白你根本就不知道自己所相信。但是，美诺听不懂，反而以为苏格拉底像个智者，不过是为了找乐子而曲解他的话。但是，美诺这样想，就逃避了责任,自欺欺人地认为自己没错,而且把苏格拉底视为某种施魔的智者似的巫师。然而是巫师的不是苏格拉底,而是美诺自己。美诺魔术般地确信自己知道所讨论的主题,尽管部分的他承认和理解自己并不知道。

因而,当美诺和欧绪弗洛这样的人回答看似简单的问题时,苏格拉底会指出,如果他们真的认真看待自己的回答,仔细想一想,就会认识到他们并不真的相信自己的回答。这就好像苏格拉底向美诺和欧绪弗洛(以及其他人)表明,他们藏于自身之后,而且甚至不知道这一点。譬如,对苏格拉底的问题作出回答的那部分美诺,这是陌生的东西,甚至不是美诺。有一次,苏格拉底对朋友卡利克勒(Callicles)说,一旦了解自身,卡利克勒就会认识到,他不同意自己正向苏格拉底的问题所给出的回答!(《高尔吉亚篇》495e)

由此,苏格拉底向他人表明,他们自己的回答揭示了一些他们实际上并不熟悉的东西。一方面,他们提出自认为不错的回答;另一方面,他们又借着思想和反思看到回答并非不错。请注意,苏格拉底并没有到处说"人是无知的",从而希望同胞雅典人明白这表述中含有的真理。相反,苏格拉底表明,对其问题,雅典人自己的回答提供了说明他们无知的清晰例子。

不过,正如早先所提及的,最值得注意的是,苏格拉底反驳的是专家——这些人不但自认为有智慧,而且也被他人认为是有智慧的。与其说是他人,还不如说是这些专家完全地受骗了，还自以为自己知道很多重要的事情。比如，他们被别人引诱，相信他们的评价和赞美。的确，甚至专家都不拥有智慧，这再好不过地说明了人不是有智慧的。因为，若专家都不是有智慧的，那谁是有智慧的呢？德尔斐的女祭司说苏格拉底是雅典最有智慧的人，仅仅因为他明白，就智慧而言，人实在不算什么。（《申辩篇》23b）

鉴于苏格拉底反驳别人的能力，一些雅典人质疑他否认自己有智慧时的真诚度。倘若缺乏智慧，那么苏格拉底怎能指明著名专家的回答有纰漏呢？在受审时，苏格拉底申明，尽管对他人而言，这是有智慧的，但他的确没有智慧：

> 每次别人在给定话题上都宣称自己拥有智慧，我都成功地证明这是错误的，旁观者就认为我知道关于该话题的一切。先生们，其实不然，非常显然的是，真智慧属于神。（《申辩篇》23a）

尽管能够显明别人不能充分地回答他的问题，但苏格拉底否认自己是有智慧的。这是为什么？

苏格拉底一方面自称没有智慧；另一方面又能反驳最有学问的专家，理解的关键在于明白苏格拉底的"智慧"和"无知"是什么意思。正如你将看到的，苏格拉底不仅仅借着这两个词表达了非常特殊的意思，而且还运用诘问式揭示了两种迥乎不同的无知。

无　知

至此，我们知道，借着证明他人对其问题的回答有纰漏，苏格拉底揭露了他们的无知。但是，记住以下这点很重要：苏格拉底并没有问他人关于任何事物的问题。正如你在第一章看到的，苏格拉底只关心道德问题。苏格拉底问他人的是他们关于道德的看法，然后向他们显明其回答暴露了他们不仅对道德本身无知，而且对自己的道德看法也无知。

道德上的无知

借着证明他们的道德看法有纰漏，苏格拉底显明他人是无知的，你可能对此疑惑不解。苏格拉底如何对人证明他们的道德信念有纰漏、甚至有错误呢？一个人如何显明某种道德信念是有纰漏的呢？有一个办法证明我"亚伯拉罕·林肯是第15任总统"的信念是错误的——我所能做的就是查验百科全书以确定这信念是否真的错误（林肯是第16任总统）。但是，我们如何显明某人"死刑在道德上是错误的"的道德宣称是有纰漏的？既然人们对这宣称正确与否有着不同的意见，我们就不可能去找一本百科全书，或者任何别的参考书。那么，设想一下我们想证明这个宣称实际上有纰漏：我们该怎么办？苏格拉底是如何办到的？

尽管我们不可能依赖参考书来判断一个道德宣称是否有纰漏,但我们可以运用一些哲学技巧来这样做。事实上,如今的哲学家还在运用的哲学技巧,苏格拉底已经使之臻于完善。

苏格拉底的省察方法有着精巧而有力的逻辑技巧,从而可以显明某个人的道德信念是有纰漏的。虽然如今的哲学家也运用这些技巧,但他们不一定会用以省察某人的道德信念。更确切地说,这些当代的哲学家用苏格拉底所完善的这些逻辑技巧来考察理论或关于各种事物的观点,其范围从道德的本性一直到知识的本性和上帝的存在。这是苏格拉底名列于历史上最主要哲学家的主要原因之一。他教我们怎么考察和分析各种观念。苏格拉底向我们显明,如果发挥得当,人类理性可以作为有力的工具来考察信念和抽象观念。不仅仅对于道德哲学,而且对于一般性的哲学,苏格拉底的贡献都是绝无仅有的。

为了显明某道德宣称是有纰漏的,苏格拉底运用了诘问式,即具有逻辑技巧的省察方法。苏格拉底运用了何种逻辑技巧以显明某道德宣称是有纰漏的?有三种:(1)他指出道德宣称的逻辑推论;(2)他表明人类有着不一致的道德信念;(3)他指出道德名称之定义的一些反例。那就让我们仔细看看在这些不同的逻辑技巧里都包含着什么。

道德信念及其推论

当我们说苏格拉底指出了道德信念的逻辑推论,这是什么意思呢?要知道,每一个陈述都有一些逻辑推论,也就是说,倘若这个陈述是真的,其他一些陈述也是真的。譬如,倘若"人都终有一死"这个陈述是真的,那么陈述"没有人不是终有一死的"就是真的。由此,陈述"没有人不是终有一死的"就是陈述"人都终有一死"的逻辑推论。

同样地,放在一起的两个或更多的陈述也有其逻辑推论。考虑一下这两个命题:

1. 人都终有一死。
2. 苏格拉底是人。

如果这两个命题都是真的,那"苏格拉底终有一死"也是真的。命题"苏格拉底终有一死"是命题 1 和命题 2 的逻辑推论。单个命题和组合命题都有其逻辑推论。

要想把握逻辑推论这个概念,如下的思考会有帮助:每一个陈述和每一个陈述组合都有隐藏的、内含的信息,这些信息只能借着一些逻辑工具,借着有结构的、被引导的思维才能揭示出来。我们说,每一个句子和每一个句子组合中的隐藏、内含信息组成了它们的逻辑推论。

想一想与此类似的魔术:魔术师从大礼帽里拉出一条色彩明亮的围巾,结果发现里面与之系在一起的还有许多其他色彩明亮的围巾。魔术师不断地拉呀拉，结果发现这围巾的链条没有穷尽。信念和陈述就是这样。跟信念 a 和信念 b 连在一起的是信念 c，而和信念 c 连在一起的是信念 d，如此等等。但是只有运用逻辑和思维，某人才能看到与自己信念相"系"的许多推论。

由此，你所有的信念都有逻辑推论。也就是说，你所有的信念都有你不曾认识到的隐含信息，不过，你可以借着逻辑的力量认识到。苏格拉底会说，如果你不认识自己信念的推论，你就不认识你自己。确实，当苏格拉底指出对话者信念的逻辑推论之时，他是在帮助他们认识他们自己、认识他们真正所相信的。运用逻辑证明他人信念的推论，苏格拉底在这方面真是一位大师。让我们看看一个实例。

欧绪弗洛信念的推论

在第一章，我们看到，在柏拉图对话录《欧绪弗洛篇》中，欧绪弗洛指控自己的父亲谋杀一位奴隶。请记住，其中一名属于欧绪弗洛父亲的奴隶杀死了另一位奴隶，结果这位奴隶被欧绪弗洛父亲绑上投入沟中，之后死亡。

为了让苏格拉底信服其所做的是正确的，欧绪弗洛甚至提及了两位深受爱戴的奥林匹斯山神：宙斯和克洛诺斯（Cronus），他们分别用链条绑缚了各自的父亲，因为其父犯了错误。于是，欧绪弗洛推论道，如果奥林匹斯诸神可以绑缚父亲，类似地，那么欧绪弗洛就可以起诉父亲。苏格拉底声称他不相信这些诸神故事，而欧绪弗洛坚称它们是真的。请记住这一重要之点，就欧绪弗洛相信传统的奥林匹斯诸神故事的程度而言，他因而相信诸神彼此争斗，互相欺骗，（一般而言）彼此为敌。

当和苏格拉底继续讨论起诉父亲的决定时，欧绪弗洛声称，这是一项神圣的行为，诸神必定悦纳。

苏格拉底提醒欧绪弗洛，欧绪弗洛相信传统诸神故事都是真的，那么他也就相信诸神彼此争斗。于是，苏格拉底问欧绪弗洛诸神所争斗的是什么，欧绪弗洛说他们争斗是为了道德问题，即何种行为是公义的，何种行为是神圣的，如此等等。苏格拉底注意到欧绪弗洛相信如下两个命题：

1. 诸神间有仇恨和愤怒。

2. 诸神关于何种行为是公义的或不公义的、神圣的或不神圣的等问题均存有分歧。

从以上两个命题，苏格拉底可以得出如下的信念：

3. 关于何种行为是神圣的或不神圣的，诸神并没有一致的看法。

苏格拉底之所以可以得出以上这个信念，是因为这是命题1和命题2的逻辑推论。命题1说的是诸神之间实际上有仇恨；命题2说的是一旦有仇恨，诸神就会为重大的道德问题争斗。

接下来的推论就是，因为何种行为是神圣的或不神圣的是一个道德问题，所以诸神之间对此会有不一致的看法。命题3是命题1和命题2的一个逻辑推论。由此，苏格拉底向欧绪弗洛揭示出，欧绪弗洛相信诸神对何种行为是神圣的或不神圣的没有一致看法。苏格拉底是在为欧绪弗洛思考，以使欧绪弗洛能够明白自己所相信的。

但苏格拉底并没有就此打住。就像命题1和命题2有其逻辑推论一样，命题2和欧绪弗洛起诉父亲是神圣的这一信念，也有其逻辑推论。

在显明命题3是欧绪弗洛其他信念的逻辑推论后，苏格拉底接着证明了命题3和欧绪弗洛如下信念的逻辑推论：

4. 起诉我的父亲是神圣的。

如果欧绪弗洛相信命题3和命题4，但他也必须相信有些神确实认为欧绪弗洛所做的是不神圣的。因为，如果诸神为何种行为是神圣的或不神圣的彼此争斗，如果欧绪弗洛相信起诉自己的父亲是神圣的，那么诸神对此就没有一致的看法。根据欧绪弗洛自己的信念，他必须相信一些神认为他起诉自己的父亲真的是不神圣的！于是，从命题3和命题4，苏格拉底得出如下推论：

5. 欧绪弗洛起诉自己的父亲谋杀实际上是否神圣，诸神并没有一致的看法。

请注意，借着理性和逻辑，苏格拉底从欧绪弗洛的其他信念中得出了命题 5。苏格拉底证明，如果欧绪弗洛真的相信自己所说的，那么欧绪弗洛最终必然相信一些神并不认为他起诉父亲是神圣的！

关于欧绪弗洛的其他信念，苏格拉底如何证明其中实际上已经包含了命题"欧绪弗洛起诉自己的父亲谋杀实际上是否神圣，诸神并没有一致的看法"，以下是小结：

1. 诸神间有仇恨和愤怒。

+

2. 诸神关于何种行为是公义的或不公义的、神圣的或不神圣的等问题均存有分歧。

↓

3. 关于何种行为是神圣的或不神圣的，诸神并没有一致的看法。

+

4. 起诉我的父亲是神圣的。

↓

5. 欧绪弗洛起诉自己的父亲谋杀实际上是否神圣，诸神并没有一致的看法。

苏格拉底掌握不少逻辑技巧，其中之一就是看到他人信念的逻辑推论的能力。苏格拉底指出雅典人信念的推论，以便他们能够看到自己信念里面有什么。苏格拉底的对话者多半不喜欢他们所看到的。因为有时候，苏格拉底会证明他们有不一致的道德信念，而且有些道德信念肯定是错误的。正如你将看到的，在证明欧绪弗洛某些信念的推论后，苏格拉底接着又显明欧绪弗洛有不一致的信念。

不一致的道德信念

有不一致的信念是什么意思呢？两个陈述如果不能同时为真，它们就是不一致的，或者是矛盾的。比如，如下是三组不一致的陈述：

说谎总是错误的。

有时，说谎在道德上是对的。

苏格拉底是有德性的。

苏格拉底是邪恶的。

死刑是一种不公义的惩罚。

死刑是一种公义的惩罚。

这三组陈述中的每一对都不可能同时为真。如果这两个陈述不可能同时为真，那么我们就可以得出结论，在上述三组陈述中的每一对，至少有一个，或者可能有两个，是错误的。

苏格拉底证明他人道德信念有纰漏的方式之一就是，指出他们有着不一致的道德信念。因为在指出雅典人有着不一致的道德信念时,苏格拉底就证明了他们至少有某些信念是错误的。

苏格拉底证明欧绪弗洛有不一致的信念。在对话的一开始,欧绪弗洛说,他对指控自己的父亲是神圣的没有丝毫怀疑。换句话说,欧绪弗洛以为,所有的神都认为他所做的是神圣的。因而,欧绪弗洛相信:

6. 所有的神都同意欧绪弗洛指控自己的父亲谋杀是神圣的。

但是,这个命题与命题5是冲突的,而命题5是欧绪弗洛必须相信的,因为这是他其他信念的一个推论。由此,苏格拉底证明,欧绪弗洛必须相信如下两个命题:

5. 欧绪弗洛起诉自己的父亲谋杀实际上是否神圣,诸神并没有一致的看法。

6. 所有的神都同意欧绪弗洛指控自己的父亲谋杀是神圣的。

但是,这两个命题显然彼此不一致。人真的不能一致地说,一方面,欧绪弗洛起诉自己的父亲谋杀实际上是否神圣,诸神并没有一致的看法;另一方面,所有的神都同意欧绪弗洛指控自己的父亲谋杀是神圣的。因为这是不可能的。由此,其中一个命题,或者两个命题,必定是错误的。这是避免矛盾的唯一途径。这也是苏格拉底向欧绪弗洛所指明的。于是,苏格拉底向欧绪弗洛证明,欧绪弗洛的信念至少有一个是错误的。

请注意,苏格拉底是如何运用诘问式来证明欧绪弗洛的道德信念是有纰漏的?正如我们早些时候说的,如"亚伯拉罕·林肯是第15任总统"这样的信念,可以通过证明它与事实不一致来显明它是错误的：我们所能做的就是查阅百科全书来证明这信念是错误的。但是，苏格拉底不是以这种方式证明欧绪弗洛的道德信念是错误的。证明欧绪弗洛的道德信念是错误的，苏格拉底所凭借的方式迥乎不同于如下方法：以某信念与事实不一致来确定该信念是错误的。苏格拉底并没有挑出某个特殊的信念，从而向欧绪弗洛指出这单个的信念之所以错误，是因为它不对应于现实中的任何事物。并非如此。他所做的是：指出欧绪弗洛有着许多道德信念，并且证明它们不可能同时为真。

重要的是，苏格拉底并没有告诉欧绪弗洛哪个道德信念是错误的——他做得比这精妙得多。苏格拉底只不过想要欧绪弗洛认识到，他受到了如下奇怪处境的影响：他自己的信念彼此不一致。苏格拉底相信，最终还是要由欧绪弗洛自己来解决这种不一致。结果，欧绪弗洛判断出命题 5 是错误的。他确信，所有的神都认为他所做的确实是神圣的。欧绪弗洛既然这样说，苏格拉底就问了欧绪弗洛一个重要问题，我们在第一章已经讨论过这个问题，即一项行为是神圣的是因为诸神喜悦它，还是诸神喜悦一项行为是因为它是神圣的？正如你已知道的，苏格拉底和欧绪弗洛都同意，诸神喜悦某些行为是因为它们是神圣的。这证明，无论他说什么，欧绪弗洛都确实相信神圣的本性不依赖于诸神对它的喜悦！

因而，苏格拉底用以证明某人道德信念有弱点的方式之一就是，证明某人确实有着不一致的道德信念。为了这样做，苏格拉底从对话者那里找出许多不同的宣称，解开它们（即推出它们的逻辑推论），然后证明它们彼此不一致。我们把这种起因于信念不一致的无知称为"不一致的无知"。苏格拉底证明了人有不一致的无知，不过，这不是他所揭示的唯一形式的无知。

有纰漏的定义

苏格拉底常常向他人指出，他们之所以无知，是因为他们不能给出道德名称的恰当定义。我们把这种无知称为"定义的无知"。你将会看到，定义的无知不同于不一致的无知。苏格拉底是揭露这两种无知的大师。

对于苏格拉底而言，定义非常重要。他反复问及的一个问题有着如下形式：

什么是F？

什么是F类事物所共有的？

其中，F代表的是一些道德属性，如神圣、德性或公义。

苏格拉底之所以问这个问题，是因为他认识到一般性名称有些奇怪。与专有名词不同的是，一般性名称可以指称许多不同的事物。试比较一下一般性名称"书"和专有名词"威廉·杰斐逊·克林顿"（William Jefferson Clinton）。"书"可以指称许多不同的书，而"威廉·杰斐逊·克林顿"指称的只是一个人。由此，一般性名称指称的是许多不同的事物，而专有名词仅仅指称一个。苏格拉底认识到，当使用一般性名称时，我们会承认这些名称指称许多不同的单个事物，从而这些不同的事物就是这名称的实例。比如，想想"书"这个名称，我们承认此名称指称的事物有很多。其中有：

1. 《圣经》；
2. 《格列佛游记》；③
3. 《国家篇》；
4. 《艾丽丝漫游奇境》；④

等等。此外，书还有其他不同的形式：硬皮本、软皮本、CD形式的电子书、磁带形式的听讲书等等。因此，书有许多不同的种类。不过，所有这些不同种类的书都有一个共同点，因为它们都是书。

苏格拉底认识到，当我们承认某物是一本书时，我们正在承认此物有些特征使得它是一本书。那么我们所承认的是什么呢？上面列出的4个事物有什么共同点呢？硬皮本、软皮本、CD形式的电子书和磁带形式的听讲书有什么共同点呢？某个物体必须具备什么特征使得它是一本书呢？

苏格拉底之所以关注这些问题，是因为它们与一般性道德名称相关。苏格拉底认识到，正像所有书都必定有共同点一样，（比如）所有公义的行为也都是如此。以下是"公义"这个一般性道德名称的几个实例：

1. 服从法律；

2. 遵守合约；

3. 在法律之下平等待人；

4. 消除社会中的各种不平等，使人人得益；

5. 确定犯人所犯罪刑的相应惩罚；

等等。苏格拉底推论出，所有这些行为和其他我们称之为"公义"的行为都有一个共同点，否则它们就不被称为"公义的"。苏格拉底想知道这是什么。他最关心的是问这样的一些问题：所有公义的行为有什么共同点？所有神圣的行为有什么共同点？所有有德性的人有什么共同点？等等。在《欧绪弗洛篇》中，苏格拉底问欧绪弗洛的是这样两个问题：什么是神圣？什么是神圣行为所共有的？在《美诺篇》中，苏格拉底问美诺的是这样两个问题：什么是德性？什么是有德性的行为所共有的？

苏格拉底喜欢请对话者给出一些一般性道德名称的定义。当他们这样做时，苏格拉底会向对话者证明其定义是有纰漏的。有时，借着证明某定义的推论与某人的其他信念不一致，苏格拉底证明了此人的该定义是有纰漏的。这是苏格拉底向欧绪弗洛一些关于"神圣"的定义所做的。然而，大多数时候，苏格拉底证明某定义有纰漏是因为该定义要么太宽泛，要么太狭隘，要么这两个问题都有。换句话说，苏格拉底证明某些定义有纰漏是因为它们有反例，把反例当作一个例子以证明某宣称是错误的。由此，宣称"所有车都是红的"之反例是仅有一辆不是红的。让我们来看看苏格拉底如何借着反例来反驳一个道德定义。

借着反例的反驳

要想了解苏格拉底反驳其对话者的步骤,我们可以看看《拉凯斯篇》。苏格拉底问拉凯斯,在所有被称为"勇敢"的勇敢行为中有着什么共同品质?(《拉凯斯篇》191e)苏格拉底想知道所有勇敢行为的共同点。拉凯斯,这位著名的勇士,自认为很了解勇敢是什么,他的回答是:坚守岗位,坚持与敌战斗。

然而,苏格拉底指出,拉凯斯的定义太狭隘。因为有些勇敢的例子并没有"坚守岗位"。拉凯斯的定义仅仅关涉战士所具有的勇敢。苏格拉底找出了一些并不在战场上发生的勇敢的例子。苏格拉底指出,在大海上、在疾病中、在贫困中、在政治活动中,等等,有人是勇敢的。(《拉凯斯篇》191d)指出拉凯斯的定义没有包括的一些勇敢的例子,苏格拉底就说出了拉凯斯定义的反例。拉凯斯同意,其定义有反例,太狭隘,从而是错误的。

那么,在苏格拉底指出其定义错误之后,拉凯斯做了什么呢?拉凯斯只是改变了他的定义。拉凯斯关注自己的勇敢观念,知道自己需要提出没有反例的勇敢的定义,于是将勇敢的定义修改为"灵魂的忍耐"。拉凯斯认为,所有勇敢行为的共同点是"灵魂的忍耐"。借着指出反例的存在,苏格拉底再一次地反驳了拉凯斯的定义。不过,这一次,苏格拉底用反例证明了拉凯斯的定义太宽泛,因为并不是每一种忍耐都是勇敢。正如苏格拉底所指出的，忍耐有邪恶的和有害的"愚蠢的忍耐"，而勇敢绝不是邪恶的或有害的。拉凯斯的定义再次被反驳。拉凯斯也再次承认，他的第二个定义也是错误的。

请注意，苏格拉底在此所做的是什么呢？苏格拉底请拉凯斯关注其勇敢观念。接着，他请拉凯斯说出所关注的勇敢观念的本质——所有勇敢行为的共同点。每次拉凯斯尝试说出其所关注的勇敢观念时，苏格拉底都会证明拉凯斯不可能做得恰当！拉凯斯思考勇敢这回事，却又不能毫无纰漏地说出它是什么。苏格拉底证明，就拉凯斯的勇敢概念而言，拉凯斯的定义要么太宽泛、要么太狭隘，从而是错误的。请注意，苏格拉底不是在证明拉凯斯的信念不一致。相反，他是在证明，拉凯斯不可能恰当地表达其勇敢观念。拉凯斯也看到了这一点，因为每次他都理解了苏格拉底为什么反驳他的定义。这就好像如此：每次拉凯斯以为自己把握了正确的答案，但苏格拉底都找出了反例，让拉凯斯认识到自己错了。借着反驳拉凯斯对"勇敢"的各种定义，苏格拉底证明，拉凯斯有定义的无知。

自我反驳

为了更好地理解正在讨论的内容，让我们将这种诘问式用在自己身上。让我们证明，像拉凯斯一样，我们也有定义的无知。也就是说，让我们证明，我们不能对自以为知道其意思的名称给出恰当的定义。让我们看看大家都十分熟悉的"书"这个名称。的确，我们都很有把握说，我们知道这个词的意思是什么。当我们看见时，我们会认出书；当某物不是书时，我们也可以识别出。苏格拉底会说，当我们认出是书的某些物品时，那么我们就认出所有书共有的品质。

想象一下苏格拉底在问你，什么是所有书的共同点？什么品质使得某物是书？你是否确信自己能够回答这个问题？如果确信，你就会明白对话者在与苏格拉底开始谈话时的感受。

想想书是什么，书的本质又是什么。带着这个观念，开始尝试表达所有书的共同特征。

也许，第一个出现在脑海的是"页"。于是，我们对苏格拉底说，使得某物是书的品质是有页。然而，你很可能会看到这个答案有纰漏。因为杂志有页，但杂志不是书；报纸有页，但报纸不是书。苏格拉底会指出，我们的定义太宽泛，外延太大，涵盖了不是书的东西。更糟的是，这个定义太狭隘，书还有磁带形式的书、CD形式的书，更别说仅在互联网上出版的书，这些书都没有页！因此，我们的第一个定义既太宽泛，又太狭隘。于是，苏格拉底会让我们再去尝试定义这个名称，而我们会改变原来的定义，得出一个可能更好的定义。也许，我们会把定义修改为"有作者"。这是一个更好的定义，因为这包括了声音形式的书、CD形式的书和互联网上的书，它们都有作者。但是，这定义依然太宽泛，因为短篇小说也有作者。

每个人都会同意，短篇小说不是书。苏格拉底会向我们指出这一点，我们会进行又一度的尝试。下一个，我们会说什么呢？也许，所有书的共同点是有作者和装订。你能发现这个定义有些什么问题吗？这太宽泛？太狭隘？还是既太宽泛，又太狭隘？你能不能想出反例来证明这定义是错误的？我可以！

总结一下我们就所有书的共同点所尝试说的：

1. 所有书的共同点是有页。

    问题：既太宽泛，又太狭隘。

2. 所有书的共同点是有作者。

    问题：太宽泛。

3. 所有书的共同点是有作者和装订。

    问题？

再想一想苏格拉底如何常常反驳的关于道德名称的定义，但愿这个例子可以给你一些更清晰的了解。定义一经给出，苏格拉底就会证明这个定义或者太宽泛，或者太狭隘，因而是有反例的。如此，苏格拉底揭示了人有定义的无知。再强调一下，人有定义的无知，不是因为他的信念不一致，而是因为他不能恰当地给出其道德观念。反驳我们关于书是什么的定义时，苏格拉底并不是证明我们的信念不一致。相反地，他是在证明，我们不能给出"书"的全然准确的定义。

我们不能给出"书"的准确定义，这的确很奇怪，因为我们似乎知道书是什么。毕竟，我们可以自动地、毫不费时地、毫不费力地认出书和非书。关于书是什么，我们的看法如此直接、如此切实，却不能说出它是什么。这正是苏格拉底的对话者所感受到的沮丧和疑惑。一方面，他们似乎清楚地知道所讨论的话题；但另一方面，他们却不能给出关于它的恰当定义。

"书"这个名称，我们自以为知道它的意思，但苏格拉底却证明我们不能给出一个关于"书"的恰当定义，他向我们指出了我们自身一些很奇怪的事情。非常奇怪！虽然我们能够认出书和非书，但我们甚至不知道怎样做到如此的。此外，苏格拉底向我们证明，我们所提出的答案，部分的我们会认识到这是错的。认出自身定义有错误的这部分是什么呢？为什么这部分没有给出关于书是什么的定义呢？这些问题都是苏格拉底想要别人看到和体会的。正如你们所知道的，苏格拉底想要别人看到和体会这些问题却如此搅扰了他们，以至于他们判决苏格拉底以死刑！

请牢牢记住，我们正在用诘问式讨论什么使得一本书是书这个无聊的话题。书很容易被认出（即使我们甚至不知道如何认出书和非书），而且关于什么是书、什么不是书，人们并没有不同的看法。不过，请记住，苏格拉底并不关心什么使得一本书是书这个问题。苏格拉底关心的是这样一些问题：什么使得一个公义的行为是公义的？什么使得一个有德性的人是有德性的？既然你们已经知道给书是什么这类无趣的东西下定义十分困难，你就可以想象出给"公义"或"德性"这类复杂得多的东西下定义更加困难。因为关于什么行为或人是公义的、什么行为或人不是公义的，人们并没有一致的看法。更别说"公义"和"德性"这类名称表示了比"书"这个名称更抽象的东西。确实，思考什么使得一本书是书，比思考什么使得一个公义的行为是公义的、什么使得一个有德性的人是有德性的要容易得多。如果我们不能毫无困难地说出书是什么，那么我们就能理解，关于像"公义"和"德性"这样的道德名称，为什么苏格拉底的对话者没能给出没有纰漏的定义。

如此，我们讨论了苏格拉底揭示他人无知的两种不同方式。一方面，苏格拉底指出他人道德信念的推论，从而证明某人的信念不一致。这样运用诘问式，苏格拉底揭示了人有着不一致的无知；另一方面，借着指出其定义的太宽泛或太狭隘，苏格拉底证明了他人关于道德名称的定义是错误的。这样运用诘问式，苏格拉底揭示了人有着定义的无知。由此，苏格拉底证明了人受着两种无知的折磨。

苏格拉底宣称自己也是无知的，他并不是觉得自己没有真实的道德信念。他的意思是，关于道德名称，他也不能给出恰当的定义，从而他有着定义的无知。苏格拉底可能也觉得，他的某些信念具有与他的其他信念不一致的推论。不过，请记住，苏格拉底所过的是省察的生活，他穷其一生来省察自己和他人的道德观念。因而，即使苏格拉底是无知的，苏格拉底关于道德名称的定义应该比他人的纰漏少得多，他不一致的信念也应该比大多数雅典同胞少得多。尽管如此，苏格拉底还是宣称自己实际上是无知的。

由此，处于其他事物之中的健康之神阿波罗向苏格拉底启示，人受了无知之病的传染。这一点，苏格拉底运用诘问式向同胞雅典人证明了。有时候，苏格拉底运用诘问式揭示了人有着不一致的道德信念；有时候，苏格拉底借着诘问式证明了人不能恰当地给道德名称下定义，从而有着定义的无知。大概唯独神是智慧的，因为单单神具有关于道德名称的恰当定义，并且有着免受不一致干扰的道德信念。

诘问式的益处

尽管能够证明人受了不一致的无知和定义的无知的传染，但苏格拉底也运用诘问式为自己和他人带来了益处。当理解这益处是什么的时候，我们就会明白，柏拉图和色诺芬为什么相信苏格拉底给同胞雅典人带来的不是损害而是益处，苏格拉底为什么宣称"未经省察的人生不值得过"。

诘问式不仅仅是帮助苏格拉底显露其对话者有无知之病的工具，也是苏格拉底减少这种无知的治疗工具。这就好像是说，德尔斐神谕告知苏格拉底的是人受无知之病的传染；而苏格拉底认识到，虽然这种疾病不能完全治愈，但可以借着诘问式的帮助得以减轻。

就运用诘问式来证明他人有不一致的无知的程度而言，苏格拉底允许他人把目标转向他们不一致的那部分信念设定。正如你所看到的，当他向欧绪弗洛指出后者所相信的是不相一致的宣称时，苏格拉底对欧绪弗洛这样做了：

5. 欧绪弗洛起诉自己的父亲谋杀实际上是否神圣，诸神并没有一致的看法。

6. 所有的神都同意欧绪弗洛指控自己的父亲谋杀是神圣的。

欧绪弗洛一看到这点，他就确实承认了自己的部分信念是错误的。接着，欧绪弗洛判断命题5是错误的，并将之从自己的信念设定中消除。通过抛弃命题5这个信念，欧绪弗洛减轻了他道德信念不一致的程度，而且消除了一个他认为错误的信念。当然，否弃一个被识别为错误的信念是实实在在有益处的。

苏格拉底证明他人有定义的无知，这还有另一个益处。为了看清楚这一点，让我们回想一下给书是什么下定义的尝试。我们以如下次序提出了三种定义：

1. 所有书的共同点是有页。
2. 所有书的共同点是有作者。
3. 所有书的共同点是有作者和装订。

请注意，每次尝试定义书是什么时，我们都是给出了一个比以往有所改进的定义。经过多次尝试，我们的定义变得越来越精确。尝试定义、找出反例和再尝试的过程，使得我们越来越多地思考所有书都具有的特性。当对这些特性想得越多时，我们对书的概念就越清晰。

诚然,在多次尝试之后,我们也许依然不能就书是什么给出恰当的定义,但并不妨碍我们改进对书是什么的定义。就此而言,我们所具有定义之无知的程度得以减轻。

苏格拉底运用诘问式来讨论道德名称的定义,是因为这有治疗的功效。借着勉强对话者不断提出关于"公义"的定义,苏格拉底强使这对话者改进了对"公义"的观念。

正是由于苏格拉底的诘问式(盘问和反驳)有这两种益处,柏拉图和色诺芬相信他通过揭示他人道德观念的弱点来帮助他人。借着诘问式省察的帮助,人们可以从自己的信念设定中消除那些不一致的和错误的信念,可以改进对那些道德名称的定义,从而减轻自己无知的程度。

视觉上的帮助

需要强调的是,消除某人信念设定中的错误信念和改进其对道德名称的定义,也有助于他更好地感知世界的道德维度。这一点极为重要,却经常被忽略了,因为我们误解了感知的本性。大多数人都把感知误解为一个被动的行为,以为人的感知只不过是知晓"外面有什么"。换句话说,当看到水面上月光的倒影时,我们大都认为眼睛只不过是接收了部分的实在。我们大都以为,我们直接感知实在,感知世界就像是看电影——

世界上发生了很多事，我们的感官照单全收了。

然而，实际上，感知并非全然被动的行为。在判断你所感知的是什么时，你所具有的概念和知识、你的信念、你的期待和你过去的经验都起了作用，非常重要的作用。比如，在有裁判的一场比赛中，你观看一位专业体操运动员在进行比赛。你不是那位体操运动员，对你来说，她的每一个动作都是一个奇迹。她如此非同一般。在你看来，她配得"10"分。然而，裁判们只给了她5分。你肯定会感到震惊。但是，这只不过是因为，你没有认识到裁判们所看的跟你不一样。

裁判们所看的跟你不一样，这一事实说明了感知并非全然被动。因为倘若感知全然被动，我们所感知的就会一样。然而，有时候，我们对所感知有着不同意见。

深一层的问题是，为什么我们对事物的感知如此不同？为什么裁判们感知体操运动员的一套动作是5分，而你的感知却是"10"分？因为裁判们具有体操方面的知识和经验，而你并不具备。受过体操训练的他们，知道一个动作有多么困难或多么简单。每一名裁判都有受过训练的眼光。比起在体操方面没有任何经验可言的你来说，他们的知识和过去的经验使得他们能够看到更多。你具有的知识和理解力决定了你所看到的。

但不仅仅是这样。因为你所具有的一般性名称决定了你所看到的。比如，你走过一花园，而你并不具有"菊花"这个一般性名称。于是，你经过一片实际上是菊花的红色，可你并没有认出它是菊花。你仅仅将这片红感知为红色的花朵。的确,把这片红感知为红色的花朵并没有错,但不如把它感知为菊花那样精确。那些具有"菊花"概念的人大概能够认出这片红是菊花。由此,比起你所看到的,那些人看得更为精确、更为准确。

于是,我们所具备的概念或一般性名称能使我们的感知更精确或更不精确。试试把你所具有的一般性名称和概念比作一扇扇窗户,这些窗户允许你感知世界所提供的各个部分。拥有的窗户(即概念)越多,人能感知的部分世界就越多;所感知的部分世界越多,人对世界的感知就越丰富。

不过,你借以感知世界的窗户可能模糊不清,其中的一些窗户还会歪曲世界的某些部分。换句话说,我们借以感知世界的概念可能是不准确的。譬如,你可能具备"菊花"的概念,但你对这概念的信念可能是错误的。比如,你可能误以为菊花是四季都有的花朵,一年开一次花。这是错误的,因为菊花是季节性花朵。由此,当你在花园中认出菊花时,因为你对菊花这个概念的错误信念,你会错误地以为自己所感知的是一种四季都有的花朵。你的"菊花"概念可能允许你认出那片红是菊花,但你对世界这片断的一瞥可能是歪曲的和不准确的。因此,要想尽可能清晰地感知世界,某人的一般性名称必须是准确的,他对这个概念的信念也必须是正确的。某人对世界的感知要想趋于准确,他概念的窗户就必须透明,让光毫无阻挡地照进来。

请记住,苏格拉底向他人证明的,不仅仅是他们有些道德信念是错误的，而且是他们甚至不能恰当地给出道德名称的定义。现在，既然你理解了人是通过信念和概念感知世界，你就会明白人有错误的道德信念和不准确的道德概念是多么的危险。因为，如果某人的道德信念是错误的，如果他不具有清晰和精确的道德名称，他对世界道德维度的感知就是歪曲的和不准确的。比如，欧绪弗洛不能毫无纰漏地说出"神圣"是什么，并且对这个名称有着不一致的信念，却真的自以为知道神圣是什么，并且自以为准确地感知了世界上的神圣。事实上，他如此确信这些，以至于想控告自己的父亲谋杀！然而，苏格拉底向欧绪弗洛证明，欧绪弗洛对神圣概念的信念是不一致的，甚至不能清楚地说出神圣是什么。苏格拉底这样做，是为了帮助欧绪弗洛看到他极可能有了错误的感知，把自己所做的视为是神圣的。所以，在与苏格拉底交谈之后，欧绪弗洛决定不指控自己的父亲，这并不奇怪。

尽管欧绪弗洛的神圣概念模糊不清，苏格拉底还是相信它可以有所改进。因为，诘问式既然能够帮助人澄清和改进对道德名称的定义，也就能够允许人增进对道德名称的感知。苏格拉底相信，虽然欧绪弗洛对事物的感知不可能完全准确，但他能够提高其道德感知。他可以通过诘问式做到这一点。

诘问式确实非常有效，可以帮助人更清晰地感知世界的道德维度。虽然我们不可能确定我们的道德感知全然准确，但诘问式减轻了其不准确的程度。

结果，苏格拉底发现，诘问式之所以有益处，是因为它使人的道德感知变得更为准确。的确，通过消除信念设定中的错误信念，通过改进对道德概念的定义，人的道德感知变得越来越准确。借着这对世界道德维度得以改进的感知，人能够过上一种更道德的、从而更幸福的生活。因此，苏格拉底宣称，未经省察的人生不值得过。

如今，你们已经看到苏格拉底确实是在帮助他人准确地感知，那使得他最终受审定罪的误解着实让人烦扰。苏格拉底再好不过地知道，雅典人道德感知的不准确有多么危险。为了补救这些，他奉献了自己的一生。苏格拉底的奉献是为了改进他人的道德感知，却被误解为邪恶的行为，这真是令人心碎的、悲剧性的和讽刺性的。

复习题

1. 何种逻辑技巧能够证明某一道德信念是错误的？
2. 什么是一个陈述的逻辑推论？请举例。
3. 说某人的信念不一致，这是什么意思？请举出几个不一致陈述的例子。
4. 什么是反例？请举例。
5. 苏格拉底用诘问式所揭示的两种无知是什么？请描述之。
6. 苏格拉底如何精确地证明其对话者的定义是错误的？
7. 感知是一种被动的行为，这种常识性的信念为什么是错误的？
8. 以何种方式，苏格拉底的诘问式减轻了人无知的程度？

9. 诘问式和感知之间的关系是什么？

10. 为什么苏格拉底宣称未经省察的人生不值得过？

讨 论 题

1. 苏格拉底宣称所有人都是无知的，按照他对"无知"的定义，你认为这对吗？为什么对或为什么不对？

2. 不断地问什么使得所有道德上正当的行为是道德上正当的，这有价值吗？请为你的答案辩护。

3. 试从你自己的生活经历中找出实例，说明感知并非全然被动的行为。

注释：

① 其英文转写即为 elenchus。——译者注

② 《美诺篇》的英文译文均出自格思里。

③ 18 世纪英国作家和牧师斯威夫特（Jonathan Swift）的寓言小说。——译者注

④ 19 世纪英国作家和数学家卡罗尔（Lewis Carrol）的著名童话作品。——译者注

4 省察之生活的目的

On Socrates

柏拉图的《克里同篇》

苏格拉底对其对话者无知的揭示能力让他们如此沮丧,以至于他们判决苏格拉底死刑。这是悲剧性的,既然诘问式有着带来益处的效果。在盘问和反驳他人的道德观念时,苏格拉底只想帮助他们长进,帮助他们正确地感知,从而帮助他们过上更好的、更幸福的生活。鉴于苏格拉底被感知为雅典的威胁,他真是被悲剧性地错误感知了。

当苏格拉底的朋友和门徒认识到他的被定罪是对公义的讽刺时,他们开始努力营救苏格拉底。在柏拉图的《克里同篇》中提到,苏格拉底的朋友克里同为他提供了逃跑的机会。(《克里同篇》45b-c）大多数人肯定会欣然接受这个逃脱死刑的机会。但是，苏格拉底并没有这样做。苏格拉底说，除非在道德上是正当的，否则他决不会逃跑。于是，在逃跑前，苏格拉底首先需要决定逃跑是否在道德上正当。在《申辩篇》中，苏格拉底宣称，在行动时，人只需考虑一件事，那就是行为的正当与否。(《申辩篇》28c）这一点在《克里同篇》得以重申。当时，苏格拉底说，他的责任是单单考虑一个问题，即逃跑的正当与否。(《克里同篇》48c）听克里同说完后，苏格拉底宣称：

> ……我们必须考虑是否应该听从你的建议……我的本性从来都是，决不会听从任何朋友的建议，除非反思证明这是理性所能提供的最好方案。我不能单单因为目前的遭遇就放弃以往所采用的论证。这些论证对我来说依然重要，我还是如同以往一样尊重和重视它们。因此，就目前的状况而言，除非我们能够找到更好的论证，否则我很难确信自己应该认同你……(《克里同篇》46b-c）①

苏格拉底暗示，一生所遵行的道德论证告诉他逃跑是不对的。正如他所说的，除非发现更好的论证，他才会逃跑。也正如你所知的，苏格拉底选择了不逃跑，因为没有发现更好的道德论证。为了清楚地了解苏格拉底为什么认为逃跑是错误的，就让我们来看看，精确而言，道德论证是什么。

道德论证

道德论证可以被当作一种推理，在此推理下，某人作出自以为道德上正当的行为。道德论证是道德行为中所含的认知成分。于是，根据道德论证，我们把行为分为两种：道德的或不道德的行为。

在道德论证中，有两种不同成分：道德原则和认知行为或感知行为。那就让我们来简要地讨论这两种成分，以便可以更好地理解苏格拉底在《克里同篇》中所宣称的。

道德原则

一个道德原则只不过是明确说明某行为正当与否的一个句子。几个具体例子如下：

1. 以牙还牙是不对的。
2. 偷窃是不对的。
3. 人应该服从上级。
4. 人应该过省察的生活。

我们每个人都应该在道德原则的基础上发出行为。然而，大多数人都没有意识到在其行为中假定了道德原则。

假设，你有一场重要的化学考试，而化学是你的必修科目。你有一个月左右的时间复习，但你还是等到了考前的那一晚才开始复习。再假设一下，那是星期四的晚上，当晚你有些朋友要外出，他们向你发出邀请，你决定跟他们一起外出。决定与朋友一起外出而不是复习，在其中，你根据了某一道德原则发出了行为。你也许不能马上意识到这个原则，但一旦静下来想想，你就能够知道它。促使你与朋友一起外出的道德原则大概说的是：我更应该找点乐子而不是准备考试，或者人应该趋乐避苦。我们所有的道德论证和由此而来的行为，都含有一个或多个道德原则。

认知行为

如上所述，道德原则只是道德论证中的一个成分。道德论证还包括认知行为。一个认知行为只不过是这样的一种行为：某人感知世界的某些部分，并把它当作自己所具概念的一个实例。让我们回到第三章菊花的例子，并想象一下有两人在花园里走着，一个有"菊花""花朵"和"季节性"等概念，而另一个则是一岁大的孩子，没有这些概念。他们走过花园，看到里面有世界中的部分红。前者将红这个特征感知为一朵菊花、一朵季节性的花朵，并把世界中的这个部分当作她"菊花""花朵""季节性"等概念的一个实例。而小孩的认知行为则简单得多,小孩只是简单地将花园里的世界中的这部分红感知为红的一束东西。

由此,你所具有的概念将决定你把世界的不同部分感知成什么。在上一章,我们看到,人不是被动地感知世界。世界不像一场电影,我们的感官也不是"照单全收"。更正确地说,人感知世界所凭借的是他的信念和概念。我们把世界的不同部分感知为我们所具概念的实例。因此,这种感知包括一种认知行为,即感知为。

感知为

"感知为"是一种普遍存在的感知形式。当"感知为"时,我们把世界的一些部分感知为所具概念的实例。对于所有事情,我们都是这样做的。我们把水感知为潮湿的和寒冷的;我们把某人感知为可笑的或挖苦的或爱国的;我们把草感知为绿的,把火感知为热的。而且,正如你所知的,我们把某些行为感知为道德的,把某些行为感知为不道德的。

在道德论证中,从而也在道德行为中,"感知为"起着重要作用。想想如下这个例子,如果我阻止自己不去偷窃邻居的钱,我仅仅说出"偷窃是不对的"这个原则是不够的。我还要认知出,撞破邻居的家门、从里面偷出钱来,才算是一种偷窃行为。换句话说，我必须把破门而入、拿走邻居的钱并扬长而去感知为偷窃行为。于是，在上面的例子中，当我阻止自己偷窃时，其中有两个认知成分。一方面，我相信"偷窃是不对的"这个道德原则；另一方面，我把从邻居家拿走钱感知为偷窃行为。由于我"偷窃是不对的"这个道德原则，由于我把从邻居家拿走钱感知为偷窃行为，所以我阻止自己从邻居家拿走钱。

由此可见，道德论证是一种针对行为的推理，这种行为至少包括了一项道德原则和一个"感知为"的动作。一个道德论证说的大概是：偷窃总是不对的，这是一种偷窃行为（我将之感知为偷窃行为），所以这样做是不对的。

道德上的分歧

道德原则和"感知为"都是道德论证的组成成分，而人们对这两者的看法则有分歧。不过，比起普遍的道德原则来，关于认知或"感知为"的行为似乎有着更多的分歧。

想想当代关于堕胎合法性的争论，争论双方都相信普遍的原则——谋杀是不对的，但有些人把堕胎认知或感知为谋杀行为，而另一些人则不然。我们可以说，所有雅典人都认同这样的道德原则——腐蚀青年的"某人"应被判以死刑，但是有些人把苏格拉底感知为腐蚀青年的人，另一些人则不然。人们在道德原则上保持一致，但在道德感知上则不然。实际上，大多数道德上的分歧关涉的是感知而不是原则。在《欧绪弗洛篇》中，苏格拉底就认识到了这一点。人们的分歧并不在于这样的道德原则——犯错者应该受罚，乃在于对某人或某行为是不对的那种感知。对于这点，欧绪弗洛表示同意。（《欧绪弗洛篇》8d）

如何感知世界的某个部分，把这部分感知为什么，人们的看法有分歧。出现分歧时，人们的分歧乃是在于世界的这部分是何种概念的实例。对于某些人来说，某人堕胎这样的部分世界是"邪恶"概念的实例，对于另一些人而言则不然。从自身的经验，你们知道，关于世界的道德部分，人们的"感知为"分歧很大：我们并不是都把同样的行为感知为道德的，也并不是都把同样的行为感知为不道德的。确实，某人或某行为所例示的道德概念，可能是人类彼此拥有的最严重的分歧。这些分歧导致战争，整族整族的人被奴役和无辜者的被杀害。

如同我们的时代一样，在苏格拉底的时代，关于道德概念的实例，人们有着分歧。有些人可能由此得出这样的结论：道德是全然主观的，它是相对于感知者的。但苏格拉底并不接受这种观点。苏格拉底认为，有些人错误地感知了世界的道德维度，从而他们可能错误地"感知"了。请注意，苏格拉底宣称，那些把他视为不道德的人错误地感知了他。这表明，苏格拉底相信，虽然人们对世界之道德维度的感知有着不同看法，但这并不意味着不存在感知这维度的正确途径。事实上，苏格拉底认为，大多数人错误地感知了世界的道德维度。在他看来，这些人四处游荡,似乎喝醉了,似乎又在迷惑之中,错把不道德的行为当作有道德的,错把有道德的人当作不道德的人。假若你已了解"公义"这类概念和"公义的行为"这类感知之间的互相作用,那么你以为苏格拉底为什么这么认为?

苏格拉底和克里同的分歧

现在,我们明白了道德原则和"感知为"都是道德论证的组成部分,而且人们对这两者都有着不一致的看法。就让我们到《克里同篇》看看苏格拉底和克里同到底有什么分歧。在前面引述的文字中,苏格拉底告诉克里同,他不能放弃一生所为的论证。苏格拉底指的是在这些论证中出现的普遍原则和他的"感知为"。他是在说,除非克里同指出一种更好的途径,否则他不能放弃这原则或自己感知事物的方式。正如你所知的,苏格拉底选择了不逃跑。克里同没能向苏格拉底指出一种更好的途径。

《克里同篇》一开始,对于苏格拉底的逃跑行为道德上正当与否,苏格拉底和克里同就有着分歧。因而,对于苏格拉底的逃跑行为是否"道德上正当",他们有着不一致的看法。克里同试图使苏格拉底信服,逃跑是道德上正当的,苏格拉底应该逃跑。因此,克里同争辩道,如果选择留在狱中,苏格拉底就做错了。他说:

> ……苏格拉底,我甚至觉得,能保全生命却将之抛弃,你这样做是不正当的。你如此对待自身,恰恰是你的仇敌所愿意的,或者是他们所做出的——他们正处心积虑地想毁掉你。更有甚者,对我而言,你这也是对你众儿子的抛弃。你本可以抚养和教育他们,如此却试图抛弃他们……你选择了一条轻生的道路,这让我十分震惊。你应当选择好人和勇士的道路,既然你自称一生都将德性作为目标。(《克里同篇》45c-d)

看一下这论证的结尾。克里同说,苏格拉底应该逃跑,因为这样做道德上是正当的。他对苏格拉底说的是,后者应当选择好人和勇士的道路。因此,克里同假定了"人应当正当且勇敢地行事"这个原则。苏格拉底当然同意这个原则。但是,苏格拉底并不同意克里同的看法。苏格拉底认为,如果他从狱中逃跑,这就不是正当且勇敢的行为。对于苏格拉底而言,逃跑是不对的。苏格拉底和克里同都同意"人应当正当且勇敢地行事"这个原则,他们的分歧在于苏格拉底留在狱中的行为是否正当且勇敢。这表明,苏格拉底和克里同的分歧不在于所持原则的不同,而在于他们的感知为不同。

有些道德论证比另一些道德论证更好

关于苏格拉底的逃跑是否道德上正当,苏格拉底和克里同既然有着分歧,那为什么苏格拉底还要克里同说服自己是克里同的方式更好?换句话说,为什么苏格拉底不自动地假定克里同是对的,而自己是不对的?为什么苏格拉底如此自信于自己的感知是正确的,既然他否认自己有智慧?

请记住,苏格拉底所过的是省察的生活。也就是说,借着省察对话者的同样方式,他省察了自己的道德观点。苏格拉底穷其一生来确定自己道德信念的推论,消除任何引起其道德设定不一致的信念,改进自己对道德名称的概念(因而还有感知)。他的生活原则来自于无数次的诘问式省察。而他的道德论证中出现的认知行为则出自为诘问式所改进的概念。他有充分的理由相信,自己的感知是正确的,或者至少比克里同的感知更为正确。苏格拉底借以窥探世界的概念窗户干净且透明,而你们将看到克里同的概念窗户则不是如此。

不过,苏格拉底还是愿意承认他的论证(他的原则和认知行为)可能出错。他提出,他和克里同可能发现更好的论证。苏格拉底并没有宣称,他确切地知道自己的论证是最好的。诘问式不能给予苏格拉底肯定性的知识。诘问式不能证明某个道德原则是对的,某人总是可以不断地改进他的定义。请记住,诘问式只能显明某个道德原则或定义是不对的。②正如神圣声音只告诉苏格拉底不做什么，诘问式只告诉他及其对话者不相信什么。这与苏格拉底否认自己有智慧是一致的。他不能肯定地知道其论证是最好的，因为甚至诘问式也不能告诉他。而且，既然真智慧属于神，他就决不会拥有肯定性的知识。（《申辩篇》23a）于是，苏格拉底相信，可能有比他的论证更好的论证，只是还没有被发现。他甚至愿意接受这样的可能性：克里同的论证比自己的论证更好。

然而，在《克里同篇》中，苏格拉底运用诘问式证明克里同的感知——苏格拉底逃跑是正当的——是不对的。而且，克里同找不到任何不同意苏格拉底的理由。让我们来看看苏格拉底是如何使克里同信服的：克里同把苏格拉底的逃跑感知为道德上正当的，这是错误的。

让克里同看清楚他所信的

为了说服克里同逃跑是不对的，苏格拉底提醒他，他们两人都是根据如下原则生活的：

1. 伤害他人（物）总是不对的。（《克里同篇》49b）
2. 背弃公义的承诺总是不对的。（《克里同篇》49e）

苏格拉底向克里同解释说，如果逃跑，这两个原则他就都触犯了。苏格拉底的逃跑之所以触犯了第二个原则，是因为当决定住在雅典、并在此抚养子女时，苏格拉底就已承诺接受城邦所有的裁决。既然逃跑违背了城邦判处苏格拉底死刑的法律裁决，那么他逃跑就是不对的。更糟的是，如果背弃了对城邦的承诺，苏格拉底也会对城邦造成伤害。但是，根据苏格拉底决不能伤害他人（物）的原则，对城邦的伤害是被禁止的。因此，苏格拉底得出结论，他的逃跑道德上是不正当的。其推理过程如下：

1. 伤害他人（物）总是不对的。

1a. 如果逃跑，苏格拉底会对城邦造成伤害。（《克里同篇》51a）

　　苏格拉底逃跑是不对的。

2. 背弃公义的承诺总是不对的。

2a. 苏格拉底承诺接受雅典人的所有裁决，这是公义的。（《克里同篇》50d-52d）

2b. 雅典人裁定判处苏格拉底死刑。

2c. 如果逃跑，苏格拉底就背弃了他对城邦的承诺。（《克里同篇》52d）

　　苏格拉底逃跑是不对的。

听完苏格拉底的论证，克里同认识到自己在对话的一开始就错误地感知了当时的处境。在对话的开始，克里同把苏格拉底留在狱中的决定感知为不对的。但如今，他理解了苏格拉底的论证，认识到苏格拉底留在狱中是对的。这也是一个例子，可以说明感知不是全然被动的行为。克里同理解了苏格拉底的论证，从而改变了对苏格拉底留在狱中之决定的感知，并且不得不对苏格拉底表示赞同。

克里同之所以一开始把苏格拉底的拒绝逃跑感知为道德上不对的，乃是因为他忘记了其他一些生活的原则。事实上，苏格拉底使克里同想起了一些原则，即伤害他人（物）总是不对的，背弃（公义的）承诺总是不对的。一经提醒，克里同就认识到苏格拉底逃跑是不对的，因为苏格拉底让克里同看清楚了他所相信的。于是，在对话结束时，苏格拉底要克里同放弃劝说其逃跑的努力，既然神指出苏格拉底如此做是不对的。(《克里同篇》54e) 大概，苏格拉底在此说的是命令他过省察生活的健康之神阿波罗。

也许，你觉得苏格拉底的论证令人难以置信。也许，你依然不认为苏格拉底逃跑是不对的。倘若你未被论证说服，苏格拉底愿意对你洗耳恭听。不过，你需要向他指出论证的纰漏何在。换句话说，你需要向苏格拉底证明，其原则与他别的信念不一致，其定义存在反例，等等。不过，你恐怕难以做到这些，因为苏格拉底一生都在省察自身和自己的道德观点。即使你做得到，你对苏格拉底的反驳依然难以彻底，因为你还需要给他提供没有纰漏的论证选择。你所提供的这种论证必须道德原则完善，认知行为准确，而且宣称苏格拉底应当逃跑。这些，克里同没有一样做得到，他不能提出比苏格拉底的论证更好的论证。连苏格拉底自己也不能提出比自己一生所遵行的论证更好的论证。由此，克里同和苏格拉底得出这样的结论：苏格拉底逃跑在道德上是不对的。

道德和理性

苏格拉底和克里同得出这样的结论：苏格拉底应当直面死亡，因为最好的道德论证支持这一点。这个事实证明，他们都相信理性和道德之间有着深刻关联。因而，在《克里同篇》中，苏格拉底说，他决不会听从任何朋友的建议，除非这是"理性所能提供的最好方案"。这正好说明了，苏格拉底为何省察论证以确定行为的正当与否。因为苏格拉底相信，如果有最好的理性或论证支持，某个行为就是道德上正当的。这个宣称极为重要，因为这不仅仅是苏格拉底行为之后的驱动力，而且也是整个西方思想史上最有影响的道德洞见之一。在19世纪的第一个10年里，伟大的德国哲学家康德的道德哲学表达了同样的想法。甚至在如今，这种想法依然为大多数哲学家所认同。虽然和苏格拉底有着许多重大的区别，康德也同样认为，道德上正当的行为遵从良善的理由。③

让我们花点时间来看看，苏格拉底的道德观点和对伦理行为的看法与我们有什么不同。首先，我们大都不会不厌其烦地问"正当""公义"和"德性"这些词是什么意思。苏格拉底却认为，这些问题属于人所能问的最重要的问题。通过问这类问题，人可以改进对这些概念的定义，从而改进对这些概念之不同实例的感知。这种对改进人之道德感知的强调，在我们大多数人寻求道德的进路上实在是少之又少的。因为我们大都没有意识到，概念是我们对实在的感知所凭借的中介，而这可能对，也有可能错。

在道德进路上，苏格拉底和我们进一步的不同体现在他对理性和理性反思的强调。想想你生活的道德原则吧。也许，你认为杀害无辜之人总是不对的。也许，你还认为仅仅把他人当作获取某物的手段是不对的。但是，你的原则来自何处？你如何得到你的道德原则和你判断正当与否的标准？对大多数人而言，他们的道德原则习自某种文化或宗教。因此，大多数人的道德原则都来自外界，而且仅仅被习惯性地相信。由此，很多人以为，做有道德的人，不过是遵从习自他人的道德原则。

但是，对于苏格拉底来说，道德完全是另一回事。无疑，苏格拉底会承认道德原则可以来自某个社会或宗教，但他并不认为道德原则应该来自社会或宗教。更确切地说，在他看来，道德原则应该出自理性、出自反思和省察。道德原则应该被考验，道德概念应该借着不断的定义尝试被改进。你现在该明白苏格拉底为什么这么想了吧。因为如果某人的道德原则和概念未经省察，他对世界道德维度的感知就是不准确的，所以苏格拉底认为，道德应当向理性寻求咨询，因为理性可以使人的信念和概念更有效率，人从而可以更准确地感知。停下来想想这个说法，你会开始认识到，这与我们看待道德的方式有多么不同。

苏格拉底认为，行为的正当性取决于实行该行为的理由。这个事实更清楚显明了，为什么苏格拉底以为逃跑是不对的。当某一行为出于好的理由时，人就越发有可能（并非一定）正确地感知。借着被考验的信念和被理性改进的概念，苏格拉底在感知着自己的逃跑行为。结果，他很清楚地认识到，逃跑是不对的。借着过省察的生活，苏格拉底能够更好地知道自己，他明白真正的自我是理性的，更确切地说，就是理性。正是理性告诉苏格拉底，逃跑是不对的。尽管不可能完全地认识自我、认识理性，但苏格拉底所认识的已告诉他不应当逃跑。

苏格拉底的幸福论

苏格拉底的道德观还有个特点与我们的道德观区别显著，有必要提一提。一旦理解了这个特点，我们就会明白为什么苏格拉底不仅仅自信逃跑是不对的，而且在死亡面前还保持冷静、理性甚至平安。

在《克里同篇》中，苏格拉底和克里同都同意，最重要的事情不是活着，而是要活得好。（《克里同篇》48b）而且，他们又都进一步地同意，活得好即味着活得正正当当。（《克里同篇》48b）这两项认同暗示苏格拉底是一位幸福论者（eudaimonist，发音为"you-dime-own-ist"）。"幸福"（eudaimonia）常常被译为"快乐"（happiness），这是一个容易引起误解的翻译。因为我们把快乐当作某种来来去去的东西，而幸福并非如此。幸福是人之本性获得完全和至善时所达至的那个点，这个点不可能失落，人也不可能退回。

对于许多希腊哲学家而言，所有人类最终都试图达到幸福。因而，幸福是所有人类奋斗的目标，也是我们所追寻的东西。希腊人认为，每个人都有对幸福的欲求，每个人都渴望和追寻它，从而渴望和追寻自身的完善。因此，自身的完善被认为是人类所能达至的最令人喜悦的和最完全的状态。而且，不像别的，幸福的状态是永久的。亚里士多德的伟大作品《尼各马可伦理学》（*Nicomachean Ethics*）关注的就是幸福。在书中，亚里士多德追问幸福是什么，如何达至幸福，并给出了自己对这些问题的答案。

苏格拉底认为，如果有完善的自我，人就是幸福的。然而，请记住，苏格拉底认识到，大多数人甚至不知道他们自身，因为他们大多数的言行都来自不属于他们自我的外界。正如你知道的，这正是苏格拉底借着诘问式想最终证明的。他向别人证明，如果思考一下自己的信念和行为，他们就会认识到自己是错误的，从而言语和行为都变得完全不一样。

正如他人一样，苏格拉底也欲求幸福。但是不同于他人的是，借着过省察的生活，苏格拉底认识到，自己和他人确实都是有理性的，而且，那对幸福的欲求出自于渴望被完善的理性生物。然而，大多数人并没有认识到，他们都是有着理性欲求的理性生物，他们的理性隐藏于模糊概念、错误信念和不雅嗜好的遮蔽之下。人们相信，金钱、名誉或政治权力才是他们真正欲求的。可悲的是，大多数人并没有认识到，他们真正应该是谁，他们真正欲求的是什么。不过，苏格拉底和其后的人们都相信，人的灵魂是有理性的，这理性的灵魂渴望被完善，渴望窥探世界，渴望尽可能丰富和准确地看世界。

苏格拉底并没有宣称，他已经完善了自己的理性灵魂，他似乎相信这是不可能的。不过，苏格拉底认为，这是人类所能做的最好之事，也是他为什么以如下这种方式生活的原因：省察和反驳他人、帮助他们明白他们真正是谁和他们真正欲求与相信的是什么。即便面临死亡，苏格拉底也是这样做的。他向克里同证明他们真正应该相信的是：苏格拉底留下来接受死刑是正当的。

认为生活得好就是生活得正正当当，苏格拉底就此给出了做道德人和从而做理性人的强大驱动。为什么我应该有道德？为什么我应该有理性？为什么我应该过省察的生活？很多人都会问这些问题，苏格拉底的回答是：因为这些是你真正欲求的、你真正渴望的，这样做会帮助你完善自身。

两千多年前的苏格拉底有着对道德的深刻洞见，但这些洞见已被20世纪遗忘了。苏格拉底认识到，感知在我们道德行为中有着重要作用，而大多数人的道德感知又是错误的。因此，苏格拉底从生到死都努力地向人们证明：哲学、诘问式的省察能够为人提供受过训练的眼光，来识别世界的道德维度。苏格拉底教导我们，理性不应该首先沉思宇宙和自然的运转，而应该沉思我们的道德概念，从而让自己过更好的、更幸福的生活，知道真正的自我。由此，苏格拉底宣称，未经省察的生活不值得过。

复习题

1. 什么是道德论证？
2. 道德论证的两个组成成分是什么？
3. 证明人们对道德原则的看法有所分歧的例子有哪些？
4. 证明对特定道德行为的感知有所不同的例子有哪些？
5. 苏格拉底和克里同的分歧在哪里？
6. 苏格拉底如何证明克里同对其逃跑的看法是不对的？
7. 要想使苏格拉底信服其关于逃跑的看法是错误的、不正确的，你需要做些什么？
8. 按照苏格拉底的说法，道德和理性的关系是什么？
9. 什么是幸福？
10. 按照苏格拉底的说法，理性、道德和幸福的关系是什么？

讨论题

1. 苏格拉底认为，道德首要地应当向理性或论证寻求咨询？你是否同意？为什么同意或者为什么不同意？

2. 请试举例说明，人们对道德原则看法一致，而对单个行为的感知有分歧。人们对道德属性的感知和他们的"感知为"有所不同，在你看来，这是因为什么？

3. 假如人们对道德属性的感知有所不同，有没有办法解决这种不同？如何解决？如果你认为某人错误地感知了某个道德处境，你能否使他信服？如果能，如何使他信服？如果不能，为什么不能？

注释：

① 《克里同篇》的英文译文均出自休·特里德尼克（Hugh Tredennick）。

② 有时候，诘问式不能告诉某人不相信什么。倘若诘问式揭示出某人的信念不一致，他就必须决定哪个信念应被否弃。判断出何种原则的否定性结论最少，这是一种作决定的方式，而诘问式可用来做这个。

③ 按照康德的说法，某人若意愿其理性成为普遍的律令，他出于这种理性的行为就是道德上正当的。苏格拉底和康德的一个重大区别在于：苏格拉底是幸福论者，而康德则不然。换句话说，苏格拉底相信我们应该做有道德的人，因为道德行为绝对是人所能从事的最好的、最快乐的和最值得的行为。康德是否持有这种观点，暂时还不清楚。

On Socrates ——————— 参考书目

1. 威廉·阿罗史密斯 英译：《云》，收入《阿里斯托芬戏剧集》，默里迪恩，1994年（William Arrowsmith trans., "Clouds", in *Four Plays by Aristophanes*, Meridian, 1994）。

2. 休·本森：《苏格拉底哲学研究论文集》，牛津大学出版社，1992年（Benson, Hugh H., *Essays on the Philosophy of Socrates*, Oxford University Press, 1992）。

3. 托马斯·布里克豪斯、尼古拉·史密斯：《柏拉图报道的苏格拉底》，牛津大学出版社，1994年（Brickhouse, Thomas and Smith, Nicolas D., *Plato's Socrates*, Oxford University Press, 1994）。

4. 托马斯·布里克豪斯、尼古拉·史密斯：《受审的苏格拉底》，普林斯顿，1990年（Brickhouse, Thomas and Smith, Nicolas D., *Socrates on Trial*, Princeton, 1990）。

5. W.K.C.格思里：《苏格拉底》，剑桥，1971年。（Guthrie,

W.K.C., *Socrates*, Cambridge, 1971）

6. 艾迪斯·汉密尔顿、亨廷顿·凯恩斯主编：《柏拉图对话录》，普林斯顿，1961 年（Hamilton, Edith and Cairns, Huntington ed., *The Collected Dialogues of Plato*, Princeton, 1961）。

7. E.C. 马查特 英译：《回忆苏格拉底》，收入《色诺芬：回忆苏格拉底、经济篇、会饮篇、申辩篇》，哈佛，1923 年（Marchant, E.C.trans., "Memorabilia" in *Xenophon*：*Memorabilia, Oeconomicus, Symposium, Apologia*, Harvard, 1923）。

8. 马可·麦克弗伦：《苏格拉底的宗教》，宾夕法尼亚州立大学出版社，1996 年（McPherran, Mark, *The Religion of Socrates*, Penn.State University Press, 1996）。

9. 路易·纳维亚：《苏格拉底：其人及其哲学》，兰汉，1985 年（Navia, Luis E., *Socrates*：*The Man and His Philosophy*, Lanham,1985）。

10. 列奥·施特劳斯：《色诺芬报道的苏格拉底》，康奈尔，1972 年（Strauss, Leo, *Xenophon's Socrates*, Cornell, 1972）。

11. 格列高利·弗拉思托斯主编：《苏格拉底的哲学》，加登市，1971 年（Vlastos, Gregory ed., *The Philosophy of Socrates*, Garden City, 1971）。

悦·读人生 书系

生为人，成为人，阅读是最好的途径！

品味和感悟人生，当然需要自己行万里路，更重要的是，需要大量参阅他人的思想，由是，清华大学出版社编辑出版了这套"悦·读人生"书系。

阅读，当然应该是快乐的！在提到阅读的时候往往会说"以飨读者"，把阅读类比为与乡党饮酒，能不快哉！本套丛书定位为选取国内外知名学者的图书，范围主要是人文、哲学、艺术类。阅读此类图书的读者，大都不是为了"功利"，而是为了兴趣，希望读者在品读这套丛书的时候，不仅获取知识，还能收获愉悦！

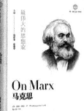

"最伟大的思想家"

北大、人大、复旦、武大等校30位名师联名推荐，集学术性与普及性于一体，是不可多得的哲学畅销书

聆听音乐（第七版）
耶鲁大学公开课教材，全美百余所院校采用，风靡全球

大问题： 简明哲学导论（第十版）
全球畅销500万册的超级哲学入门书，有趣又好读

艺术：让人成为人
人文学通识（第10版）
被誉为"最伟大的人文学教科书"，教你"成为人"